教育部人文社会科学研究青年基金项目（15YJC630154）

ZHONG JIANSHANG
CANYUXIA DE

中间商
参与下的
双渠道营销策略研究

SHUANGQUDAO
YINGXIAO CELÜE
YANJIU

晏　伟◎著

中国财经出版传媒集团

经济科学出版社
Economic Science Press

图书在版编目（CIP）数据

中间商参与下的双渠道营销策略研究/晏伟著.
—北京：经济科学出版社，2019.9
ISBN 978 – 7 – 5218 – 0879 – 7

Ⅰ.①中⋯　Ⅱ.①晏⋯　Ⅲ.①购销渠道 – 研究
Ⅳ.①F713.1

中国版本图书馆 CIP 数据核字（2019）第 202513 号

责任编辑：刘　丽
责任校对：刘　昕
责任印制：邱　天

中间商参与下的双渠道营销策略研究
晏　伟　著
经济科学出版社出版、发行　新华书店经销
社址：北京市海淀区阜成路甲 28 号　邮编：100142
总编部电话：010 – 88191217　发行部电话：010 – 88191522
网址：www. esp. com. cn
电子邮件：esp@ esp. com. cn
天猫网店：经济科学出版社旗舰店
网址：http://jjkxcbs. tmall. com
北京季蜂印刷有限公司印装
710 × 1000　16 开　11.25 印张　160000 字
2019 年 9 月第 1 版　2019 年 9 月第 1 次印刷
ISBN 978 – 7 – 5218 – 0879 – 7　定价：62.00 元
（图书出现印装问题，本社负责调换。电话：010 – 88191510）
（版权所有　侵权必究　打击盗版　举报热线：010 – 88191661
QQ：2242791300　营销中心电话：010 – 88191537
电子邮箱：dbts@ esp. com. cn）

前言

　　随着互联网的普及和物流技术的发展，越来越多的制造商在采用传统渠道营销产品的同时，纷纷开通网络渠道对消费者实行产品销售，从而形成了传统分销渠道与网络渠道并存的双渠道供应链模式。这一趋势在耐用品营销中尤其明显，例如，在美国，包括苹果、IBM、惠普和通用电气等在内的近42%的耐用品制造商都实施了双渠道供应链战略；而我国的海尔、联想、长虹和TCL等知名的耐用品制造企业也相继采用了双渠道营销系统。由于耐用品的使用寿命较长，且兼具资产性等特点，因而与非耐用品不同，制造商在营销耐用品时往往面临产品耐用程度、最优质量选择等因素的干扰。与此同时，制造商还往往面临中间商的租赁与销售策略选择和渠道外包等渠道结构的变化。需要指出的是，尽管有大量的文献研究了双渠道营销问题，但针对耐用品特性的中间商营销策略选择的文献尚不多见；而另一方面，尽管在耐用品领域中，中间商的租赁与销售策略选择和渠道外包等成为渠道策略营销领域的研究热点议题，但鲜有耐用品文献涉及双渠道这一全新的营销模式。鉴于此，在前人研究的基础上，结合耐用品背景下中间商的相关特征，本书建立了双渠道供应链下中间商的营销策略选择及其影响因素的数个模型，探讨了双渠道中耐用品营销时，中间商所面临的产品耐用程度、租赁与销售策略选择和再制造品的影响等因素。

首先，在第3章中，考虑了由单个制造商和单个中间商构成的两周期双渠道供应链，通过对比探讨制造商采用单一传统渠道和考虑制造商直销的双渠道两种营销渠道模式，分析了产品耐用度这一重要影响因素。研究发现，中间商的最优策略和利润不仅与直销成本有关，而且与产品耐用度有密切关系。特别是当产品耐用度较小和较大时，供应链成员的利润均大于其在单一传统渠道中的利润；但是当产品耐用度适中时，直销渠道的开通则始终对中间商不利，即直销渠道的开通将导致中间商利润的下降。需要指出的是，无论是在单一传统渠道还是在双渠道营销模式中，供应链成员的利润均与产品耐用度成 U 型关系，即当产品耐用度较小和较大时，在两种渠道模式中，制造商和中间商的利润均大于产品耐用度适中时的利润。

其次，基于第3章对产品耐用度的影响机制分析，第4章将其拓展成中间商的上游企业，即制造商，能决策自身产品的质量水平的情形。第4章分别构建了：①制造商将高低质量产品通过一个零售商来垄断销售的单一渠道模式；②制造商将高低质量产品通过两个零售商，即一个实体店零售商和一个网络零售商，来分开销售的双渠道模式。研究发现，制造商对产品质量差异化程度的调节在不同模型中具有不同含义。制造商在两个模型中对质量差异化程度的最优设置是对产品间竞争和企业间竞争的权衡。即相较于一个零售商策略，双渠道模式中的产品质量差异度较小。另外，零售商的销售成本不仅影响零售商的利润水平，更会影响其他渠道成员的收益。制造商在两个模型中的利润差距随着销售成本的增大而缩小，零售商和整个供应链在两个模型中的利润比较相对于销售成本来说存在最高点。所以在这个程度上来说，零售商销售成本并非越小越好。

　　再次，第 5 章考虑中间商的产品租赁和两种不同销售策略选择的问题。对比分析了中间商对消费者采取租赁与销售策略时的单一传统渠道和双渠道两种营销模式下的供应链成员的最优解。研究发现，当制造商不开通网络直销渠道时，作为市场垄断者的中间商的最优选择是采用纯租赁策略；但当面对制造商的网络直销竞争时，随着直销成本的变化，中间商转而在纯租赁、纯销售和租赁与销售并存等策略间作出相应选择。因而，本书从渠道结构和竞争性质变化等方面验证了科斯（Coase）猜想是否成立。另外，本书发现直销渠道的开通不仅永远对制造商有利，而且在一定条件下对中间商甚至整个供应链都有利。

　　最后，在制造商直销和网络零售商分销的两种不同的双渠道营销模式中，第 6 章考虑了再制造品营销渠道外包问题。即对比分析了再制造品由制造商网上直销或外包给第三方（网络零售商）分销两种双渠道营销模式。该研究部分不仅考虑了上述两种再制造品营销模式中供应链成员利润，而且分析了上述两种营销模式的环境绩效。其中最核心的结论是：尽管再制造品的直销模式比再制造品的第三方分销模式对环境更有利，但制造商和中间商均没有动力去采用该营销模式，因为他们在再制造品直销的双渠道模式下获取的利润均小于他们在再制造品由第三方分销的双渠道模式中的利润所得；将上述两个双渠道供应链模型扩展到 N 个中间商分销新产品的情形发现，市场上分销新产品的中间商越多，再制造品直销的双渠道模式愈发比再制造品第三方分销的双渠道模式绿色。

目 录

第 1 章　绪　　论

1.1　研究背景和意义

互联网的快速普及使得消费者在网络上搜寻产品、信息和服务更加方便快捷，并导致人们的需求趋于多元化，进而改变着人们的消费习惯，现如今越来越多的消费者都在网上购物，"逛网店"成为越来越流行的购物趋势；另一方面，随着物流技术和网络科技的发展，为了满足消费者多元化的需求，越来越多的企业开通了网络销售渠道，"开网店"被看成是抢占当前和未来消费者市场的重要手段之一。

欧美等发达国家的电子商务实践起步较早且相对成熟。根据福里斯特（Forrester）的研究报告，即使在金融危机较为严重的 2009 年，美国的网上零售额（剔除汽车、旅游和处方药等）仍高达 1552 亿美元，与 2008 年相比增长了 11%，复合年增长率高达 10%，其中增长最迅猛的商品种类为电脑硬件、电子产品和鞋类等。据康姆斯克（ComScore）《2018 年美国网络零售经济报告》显示，仅 2018 年第四季度，美国的网络零售销售额达到 1312 亿美元，其中与互联网相关的零售消费业占到零售总量的 54%。另外，网络零售也是欧洲增长最快的市场之一。据比较购物网站（Kelkoo）统计，欧洲 2003 年的网络零售总额为 447 亿欧元，而到 2018

年，欧洲的网络零售总额增长成 5099 亿欧元，同比增长了 221%。

电子商务在全球范围内正以前所未有的速度迅猛发展，并成为引领生产生活方式变革的重要推动力量[1]。为了抓住电子商务的发展机遇，赢得国际经济竞争与合作的新优势，我国相继出台了《2006—2020 年国家信息化发展战略》《国务院办公厅关于加快电子商务发展的若干意见》和《中华人民共和国国民经济和社会发展第十二个五年规划纲要》等。为了全面贯彻上述管理规划和措施，工业和信息化部于 2012 年 3 月发布了《电子商务"十二五"发展规划》。该规划提出，从 2015 年起始，电子商务将进一步普及深化，对国民经济和社会发展的贡献显著提高；电子商务在现代服务业中的比重明显上升；电子商务制度体系基本健全，初步形成安全可信、规范有序的网络商务环境的发展目标。

在一系列政策的引导和支持下，我国的电子商务取得了长足的发展。据中国互联网络信息中心（China Internet Network Information Center，CNNIC）2019 年 8 月发布的第 44 次《中国互联网络发展状况统计报告》，截至 2019 年 6 月，我国网民规模达 8.54 亿，较 2018 年年底增长 2598 万，互联网普及率达 61.2%；与此同时，我国网络购物用户规模达 6.39 亿，较 2018 年年底增长 2871 万，占网民整体的 74.8%。与之相对应的是，在地域方面，以中小城市及农村地区为代表的下沉市场拓展了网络消费增长空间，电商平台加速渠道下沉；在业态方面，跨境电商零售进口额持续增长，利好政策进一步推动行业发展；在模式方面，直播带货、工厂电商、社区零售等新模式蓬勃发展，成为网络消费增长新亮点。

一方面，以网络渠道为代表的电子商务为制造商提供了新的发展契机：首先，由于面临更多渠道的选择，因而制造商可以获得比传统分销渠道更高的边际收益。其次，由于直销渠道直接面对消费者，因而制造商可以更加及时地获得市场的信息。最后，除了销售产品外，网络渠道的开通有助于消费者更加方便地获取生产企业的服务，进而更加了解并熟悉生产企业的生产、销售和服务理念。另一方面，以网络渠道为代表的电子商务使制造商面临着一系列挑战：首先，随着网络渠道的开通，可能导致对市场的争夺，进而引发渠道冲突。其次，中间商通过广告、顾客教育、市场覆盖、获取市场信息、提供广泛的产品种类、处理订货、顾客支持等构建品牌、激发产品需求和满足需求；如果制造商不能有效行使这些职能，则将导致收益和市场份额丢失。

事实上，双渠道营销是耐用品营销的共同特征[2]。例如，在美国，包括苹果、IBM、惠普和通用电气等在内的近42%的耐用品制造商都已经实施了双渠道供应链营销；而电脑、电子类耐用品的网上销售更是占网络交易总量的30%。其中，思科公司订单的70%以上是通过网络进行，戴尔每天的网络渠道收益高达1400万美元以上[3-5]。而在我国，包括海尔、长虹、联想和TCL等知名的耐用品制造商都相继采用了双渠道供应链营销模式。这种传统零售与网上直销并存的双渠道增强了制造商的核心竞争能力，并为他们迅速走向国际化、参与全球市场竞争奠定了坚实的基础[6]。

需要指出的是，尽管有大量的文献研究了双渠道营销问题，但在双渠道中对耐用品营销采取针对性研究的文献却不多见。然而需要指出的是，同非耐用品相比，耐用品的生产和营销都有其自身的特点。①

1. 耐用度及其最优质量选择问题

耐用度就是指耐用品持续性提供效用的时间跨度，通常用产品寿命或产品质量来表述[7,8]。对于耐用品生产企业而言，产品的耐用度是一个非常重要的决策变量。如果某个生产者的产品耐用度较低，这固然增加了消费者重复购买的次数。但对消费者而言，该制造商的产品使用寿命较短、质量较次，因而可能转而选择其他厂商的同类产品；相反，如果某个制造商的产品耐用度较高，尽管此时消费者对该产品的支付意愿也较高，但从长远来看，这会导致消费者再次购买的间隔时间较长，更新频率较低，从

---

① 这里仅挑选与本书密切相关的几个特征加以分析，关于耐用品特征的详细阐述请参阅瓦尔德曼（Waldman）[7]和牛筱颖[8]。

而影响制造商未来的赢利。在双渠道供应链中，产品的耐用度也是一个重要的影响因素，制造商对此采取的策略也各不相同。例如苹果公司在实体店和官方网站销售的是同样配置的 IPad；而联想的部分特惠机型却只在官方网络进行销售。

尽管耐用度及最优质量选择问题一直是耐用品研究领域的热点之一，但随着电子商务的发展，面对双渠道供应链这一全新的营销模式，产品的耐用度对相关供应链成员的影响如何？还需要理论的进一步研究和证明。

2. 租赁和销售策略选择问题

对耐用品中间商而言，租赁和销售是两种不能偏颇的营销手段。作为一种营销手段，产品租赁不仅具有促进产品销售的能力；与国家、地方政府政策相结合，而且具有调整产业结构和技术创新的功能[9]。特别是，如汽车、房屋和高档电子设备等售价较高且占家庭财富的比重较大的耐用品，产品租赁不仅可以缓解消费者的资金压力，而且可以为生产者解决销售渠道过窄、产品需求不足等问题。目前，包括苹果、IBM、通用电气、惠普、西门子和大众等耐用品制造巨头已经把产品租赁作为其不可或缺的营销手段之一。

租赁和销售策略选择问题也是耐用品领域的研究热点之一。其中最为经典的是科斯（Coase，1972）[10]提出了"时间不一致"问题，并猜想了垄断者可以采取租赁策略来避免这个问题。那么在双渠道供应链中，科斯猜想是否还成立呢？直销渠道的开通对传统渠道中的租赁和销售策略影响如何等一系列问题也有待进一步探究和解答。

3. 新产品和再制造品的相互影响问题

再制造是废旧装备高技术修复、改造的产业化[11]。一般来说，一个产品是否可以被再制造往往要符合以下几个特征[12]：①被再制造的产品必须是含有高价值部件的耐用品。②市场上存在对该产品的再制造品的需求。

③该产品具有易拆卸、能修复或替换、可复原等可再制造性的产品设计。

制造商通常采用网络渠道或外包第三方来销售再制造品[13]。例如，一旦旧电脑和笔记本等电子产品从消费者手头回收并经过硬件的翻新、替换和软件的升级之后，苹果公司往往将这些再制造品放在其网络渠道销售。然而，松下却是将其再制造的 Toughbook 电脑通过 Telrepco、Buy Tough 和 Rugged Depot 等第三方来分销。

那么，上述两种双渠道供应链模式的经济效益如何？哪个对供应链成员更加有利呢？哪个又对生态环境更有利呢？等问题也需进一步的分析和解答。

本书从当前的电子商务实践出发，系统总结了耐用品营销的理论成果，深入挖掘双渠道下耐用品营销时的运作特点，在构建了中间商参与下的双渠道供应链模型的同时，考虑了耐用品相关特性对供应链及其成员的影响，即①在中间商分销与制造商网上直销并存的两周期的双渠道营销模式中，考虑了产品耐用度这一因素；②在单一传统零售商（单渠道）及传统零售商和网络零售商并存（双渠道）模式下，考虑了制造商将最优质量选择及分配问题；③在中间商采用销售和租赁策略的传统渠道与制造商网上直销渠道并存的两周期的双渠道营销模式中，考虑了直销渠道对中间商租赁和销售策略的影响；④在中间商分销新产品与制造商网上直销再制造品（或第三方分销再制造品）并存的双渠道营销模式中，考虑了不同的再制造品营销渠道对供应链成员和生态环境的影响。

从理论层面来看，一方面，近年来，双渠道运作与控制策略的研究取得了长足的发展，但是现有双渠道的研究几乎都采用的是单个周期的模型，而且也没有考虑耐用品的耐用度、租赁与销售策略和再制造的影响等因素，因此并不适合解决耐用品企业的双渠道问题。另一方面，尽管有大量的文献对耐用品的耐用度、租赁与销售策略和再制造的影响等因素进行了深入的研究，但目前耐用品的研究大多针对的是单一传统渠道中的耐用品营销问题，而鲜有文献涉及双渠道这一全新的营销模式。本书从耐用品企业的双渠道营销这一实践背景出发，针对当前耐用品市场中出现的前人研究所鲜见的新问题，构建了双渠道供应链中耐用品营销的四个模型，考虑了耐用品的产品耐用度、最优质量选择及分配、租赁与销售策略和再制造的影响等。因而，本书既补充了现有双渠道供应链的研究不足，又延伸了耐用品领域的研究触角。

从实践层面来看，我国是一个发展中国家，虽然在发展经济的同时始终强调与国际接轨，但从总体上来看，双渠道中耐用品营销问题的研究不足，管理水平还比较低，从而导致相关企业的实践也不能充分开展。例如，在欧美发达国家中，国际制造业巨头，如卡特皮勒、大众、通用和奔驰等都已经开展了形式多样的再制造品营销渠道实践；我国 2008 年才发布了《汽车零部件再制造试点管理办法》，并规定经过再制造后的汽车部件必须贴有再制造的标准，并通过售后服务中的第三方来销售。本书的研究可以对我国耐用品双渠道营销的实践提供相应的理论探索，并一定程度上辅助相关实践的开展。另外，尽管我国出台了一系列措施来支持电子商务的发展，这些措施是否能起到预期效果，其真实的实施效果如何等都需要通过那些处在电子商务环境下的相关企业的实践来进行评估。因此在双渠道环境下企业如何决策不仅是企业决策者关心的问题，更是政策制定者关心的重要问题，而身为国家经济波动指示器的耐用品产业更是如此。因而本书的研究也间接为相关部门的决策提供一定的理论支撑。

1.2　主要研究内容

在综合分析耐用品研究和双渠道研究文献的基础上，本书研究了双渠道供应链中耐用品营销的几个问题。具体研究内容分为四个部分：第一部分构建了两周期的双渠道供应链模型，并着重考虑了产品耐用度这一影响因素，即本书的第 3 章；在第一部分研究基础之上，本书进一步研究了在单一传统零售商（单渠道）及传统零售商和网络零售商并存（双渠道）模式下，考虑了制造商将最优质量选择及分配问题，即本书的第 4 章；随后，进一步研究了制造商网上直销对中间商租赁和销售策略的影响，即本书的第 5 章；然后，在前面三部分研究的基础上，进一步考虑耐用品的再制造品的双渠道营销问题，即第 6 章。研究内容及框架如图 1.1 所示，具体包括以下研究内容。

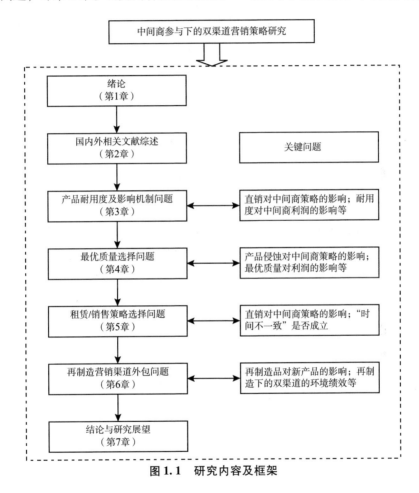

图 1.1　研究内容及框架

第 1 章，主要阐述双渠道环境下的耐用品营销策略的研究背景和研究意义等。

第 2 章，主要综述了与本书相关的研究领域的文献。其主要由两部分构成：现有双渠道供应链方面的理论基础和研究文献；耐用品及其营销方面的理论基础和研究文献。

第 3 章，在由单个制造商和单个中间商构成的双渠道供应链系统中，构建了耐用品制造商（主导者）与耐用品中间商（跟随者）的双渠道营销模型，对比分析了制造商采用单一传统渠道和双渠道两种渠道模式，研究了双渠道下的耐用品竞争与渠道运作管理问题，并考虑了产品耐用度对供应链成员利润的影响。

第 4 章，在由单个制造商和单个/两个中间商构成的双渠道供应链系统中，构建了耐用品制造商（主导者）与耐用品中间商（跟随者）的双渠道营销模型，对比分析了制造商采用单一传统渠道和双渠道两种渠道模式，研究了双渠道下的最优成品质量与中间商渠道策略选择的管理问题，并考虑了最优产品质量对供应链成员利润的影响。

第 5 章，在第 3 章研究的基础上，进一步考虑了制造商的网上直销对中间商租赁与销售策略的影响，即将分销渠道中的单一销售策略扩展到考虑租赁和销售两种营销策略并存的情况。对比分析了中间商采用租赁与销售时的单一传统渠道和双渠道两种营销渠道模式。

第 6 章，将上述针对新产品营销的双渠道模型扩展到考虑新产品和再制造品并存的双渠道供应链模型，即研究了再制造品外包对中间商营销策略营销问题：在新产品由中间商在传统渠道分销的基础上，对比分析了再制造品由制造商网上直销或第三方分销的两种营销模式，本章不仅考虑了耐用品的再制造品营销模式对供应链成员利润的影响，也分析了两种营销模式的环境绩效。

1.3　研究的思路和方法

从总体上来看，针对本书的研究内容和关键问题，采取逐层递进、由简到繁的研究思路，按照文献研究—调研分析—数学建模—模型分析—模拟仿真的逻辑主线，以现有的文献知识为基础，综合运用供应链管理、博弈论、运筹学和消费者行为学等交叉学科的理论与方法对本书相关内容进行了研究。本书采用的研究思路和方法如图 1.2 所示，具体内容如下所述。

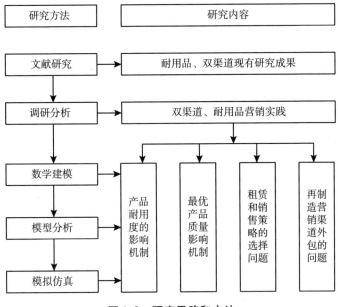

图 1.2　研究思路和方法

（1）对现有双渠道和耐用品方面的文献及研究方法进行消化与吸收；搜集并调研国内外耐用品企业的营销实践，建立多周期情况下的耐用品双渠道供应链的营销决策模型，完成第 3 章的研究内容。

①在已有文献和调研的基础上，刻画双渠道中不同的顾客选择行为倾向相对应的顾客效用度量体系，并利用消费者效用理论建立和分析耐用品双渠道供应链的需求模型，完成第 3 章的消费者需求函数部分。

②根据动态博弈理论建立单一渠道中耐用品制造商和中间商的营销模型，利用动态优化方法计算和求得决策主体的最优均衡解，从而得到单一渠道中耐用品制造商和中间商的最优决策，完成单一渠道下的耐用品多周期营销模型。

③利用动态博弈理论建立双渠道供应链中耐用品制造商和中间商的营销模型，利用 KT 条件和逆向递归等方法计算存在多种产品（新产品和旧产品）时的双渠道供应链的最优均衡解，从而得到双渠道供应链下相关决策主体的最优策略，完成双渠道下的耐用品多周期营销模型。

通过对比分析两种情况下的最优策略和利润，完成两个多周期的耐用品营销模型的比较，进而揭示与之相关的管理意义。

（2）基于第 3 章对产品耐用度的影响机制分析，本章将其拓展成制造商能决策自身产品的质量水平的双渠道模型，完成第 4 章的研究内容。

①在第 3 章研究的基础上，刻画双渠道中不同的顾客选择行为倾向相对应的顾客效用度量体系和需求函数。

②本章分别构建了：制造商将高低质量产品通过一个零售商来垄断销售的单一渠道模式；制造商将高低质量产品通过两个零售商，即一个实体店零售商和一个网络零售商，来分开销售的双渠道模式。

③进一步利用动态博弈理论来刻画双渠道中不同营销策略下制造商和中间商的两周期动态博弈，利用 KT 条件和逆向递归等求解最优均衡解，完成双渠道营销策略下的制造商的最优质量选择模型。

通过对比分析两种情况下的最优策略和利润，完成两个营销模型的比较，进而揭示与之相关的管理意义。

（3）利用博弈论和运筹学的相关理论建立和求解耐用品双渠道供应链的不同营销策略下（租赁和销售）的竞争模型，完成第 5 章的研究内容。

①利用现有文献基础，采用消费者效用理论和服务运作管理的相关理论刻画中间商的租赁和销售策略对消费者的影响，从而构建基于两种营销策略下的消费者选择模型，完成租赁与销售营销策略下的需求函数。

②在上述消费者选择模型的基础上，利用动态博弈理论建立单一传统渠道中制造商和中间商的营销决策模型，利用最优化理论和方法求解最优均衡解，完成单一传统渠道的营销模型。

③进一步利用动态博弈理论来刻画双渠道中不同营销策略下制造商和

中间商的两周期动态博弈，利用 KT 条件和逆向递归等求解最优均衡解，完成双渠道营销策略下的耐用品多周期营销模型。

通过对比分析两种情况下的最优策略和利润，完成两个多周期的耐用品营销模型的比较，进而揭示与之相关的管理意义。

（4）在现有的再制造和双渠道文献的基础上，利用博弈论和运筹学等理论来构建并求解双渠道供应链中再制造品的营销模型，完成第 6 章的研究内容。

①在前 3 章研究的基础上，采用消费者效用理论建立和分析多产品（新产品和再制造品）时，耐用品双渠道（包括第三方分销和网络直销两种情况）供应链的需求模型。

②利用斯塔克尔伯格（Stackelberg）博弈理论来构建和分析再制造情况下耐用品双渠道供应链的营销模型；在利用最优化理论求得最优解的基础上，进一步分析供应链成员的利润。

③在前面两步研究的基础上，利用环境绩效评价理论和方法对上述模型的环境绩效进行评价，进而从双渠道供应链中的企业利润和环境影响两个方面评价上述两个考虑产品再制造的双渠道供应链的实施效果。

1.4　研究的创新和贡献

本书主要具有以下创新点。

（1）考虑了产品耐用度及其质量选择等因素，构建了由制造商和中间商构成的两周期的耐用品双渠道营销模型，探讨了耐用度对供应链成员的影响。

一方面，以往对耐用品双渠道营销问题的研究尚不多见，而在双渠道中考虑最优产品质量这一影响因素的研究更是鲜见；另一方面，耐用品的耐用度及最优质量选择问题一直是经济和管理学，特别是产业组织理论的研究热点问题之一，然而，以往关于耐用品的文献大多集中于传统单一渠道时的耐用度及其选择问题，在双渠道背景下探讨耐用度及其影响机制的文献较少，而涉及双渠道营销模式下的最优产品质量选择及分配的研究更是少见。

本书在由单个制造商和单个中间商构成的双渠道供应链系统中，构建了耐用品制造商（主导者）与耐用品中间商（跟随者）的双渠道营销模型，对比分析了制造商采用单一传统渠道和双渠道两种渠道模式，研究了双渠道下的耐用品营销与渠道运作管理问题，并考虑了产品耐用度和最优质量选择及分配对供应链成员利润的影响。

（2）考虑了产品租赁这一营销策略，从双渠道管理的角度分析了网络直销对中间商租赁与销售策略的影响。

一方面，以往的双渠道供应链文献仅在单周期情况下，考虑了产品销售这一营销策略，而鲜有文献涉及多周期的耐用品租赁和销售营销问题；另一方面，耐用品的租赁与销售策略选择问题也一直是经济和管理学，特别是产业组织理论的研究热点问题之一，然而，以往的耐用品文献大多集中于考虑制造商的租赁与销售策略选择问题，鲜有文献考虑中间商的租赁和销售问题，而在双渠道这一全新营销模式下考虑中间商的耐用品租赁和销售议题的研究更是少之又少。

本书考虑了制造商的直销对中间商租赁与销售策略的影响。即在前两章研究的基础上，将上述分销渠道中的单一销售策略扩展到考虑中间商租赁和销售策略的情况。对比分析了中间商租赁与销售策略时的单一传统渠道和双渠道两种营销渠道模式。

（3）考虑了耐用品的再制造问题，从再制造品营销实践出发，构建了在新产品由中间商分销的同时，再制造品由网络直销和第三方分销的两个双渠道模型，讨论了两种再制造品营销模型对供应链利润和生态环境的影响。

一方面，虽然有部分学者在双渠道供应链中考虑了再制造品及其营销议题（见文献综述部分），但他们均假设再制造品通过制造商网络渠道直销，而忽略了第三方分销再制造品这一重要的双渠道营销模式，而且他们均未涉及再制造品双渠道营销的环境绩效问题；另一方面，近年来再制造问题也是经济和管理学的研究热点问题之一，然而，以往关于再制造研究的文献大多集中逆向渠道、库存管理、生产计划和新产品与再制造品的竞争等，而鲜有文献涉及营销渠道结构对供应链成员和生态环境的影响。

本书针对再制造品的两种典型的双渠道营销模式进行了建模分析：在新产品由中间商在传统渠道中分销的基础上，对比分析了再制造品由制造商网上直销或第三方分销两种双渠道营销模式，考虑了再制造品的双渠道营销模式对供应链成员和生态环境的影响。

总之，本书从耐用品行业的双渠道营销实践出发，考虑了耐用品的耐用度、最优产品质量、租赁与销售策略和再制造品的影响等因素，针对当前耐用品市场中出现的前人研究所鲜见的新问题，建立了双渠道供应链中耐用品营销的数个模型。因而，本书的研究既补充了现有双渠道供应链研究的不足，又延伸了传统耐用品研究领域的研究触角。

第2章 国内外相关文献综述

2.1 双渠道供应链文献综述

当一个企业同时运用包括直销和零售渠道在内的多个销售渠道来满足顾客需求时，即为多渠道供应链管理[14,15]。多渠道供应链并不是传统零售渠道和网络直销渠道的简单加总，而是二者的有机结合。与单一渠道模式相比，多渠道模式能给相关企业带来诸多的好处[16,14]：首先，多渠道能让企业更加有效地应对消费者的需求与消费模式的变化。而这种渠道调整能力在因特网发达的今天显得尤其重要。其次，由于单一渠道所能承受的产品种类有限，因而多渠道的开通能够使制造商的更多产品线受益。最后，额外的渠道便于相关企业细分市场，从而使得其营销目标也更加明确，进而提升公司的竞争能力。

1. 双渠道供应链四类典型结构

结合现有双渠道研究文献，韦布（Webb）和兰贝（Lambe）[17]、黄健等[15]和李书娟[1]等，从当前电子商务的实践出发，本书根据运营结构的不同将双渠道供应链归结为以下四类典型结构。

（1）分散型的双渠道模式。如图2.1所示，制造商分别将产品批发给传统渠道中的中间商和网络渠道中的 E 中间商，然后两个中间商将产品销售给顾客。亚马逊、京东、当当、凡客诚品等都属于独立运营的 E 中间商。巴拉苏布兰马尼安（Balasubramania）[18]研究了 E 中间商与传统中间商之间的竞争问题。而巴拉苏布兰马尼安等[19]则研究了顾客在传统中间商处体验而在 E 中间商处购买的问题，并考虑了消费者的分布及消费者对产品估价的不确定和产品退货率等影响对两类中间商的定价和利润的影响。陈云等[20]采用一个两阶段博弈模型对 E 中间商与传统中间商之间的价格竞争进行了研究，在考虑电子商务消费者和传统消费者的分布情况下，分别求得 E 中间商和传统中间商的最优定价、均衡利润等。随后，李云龙和杨超进[21]将上述问题扩展到考虑网络外部性的情况，并进一步探讨了该情况下的 E 中间商与传统中间商间的价格竞争。

（2）部分整合的双渠道模式。部分整合的双渠道模式是指其中一个供应链成员与另一个供应链成员进行了兼并整合，并使兼并后的产品和资金等运营功能内部化。部分整合的供应链包括以下几种形式。

整合的网络渠道模式如图 2.2 所示，此时制造商将产品批发给传统中间商的同时，在网络渠道将产品直接销售给消费者。在这种双渠道营销模式中，由于制造商能够直接面对消费者，因而包括苹果、惠普、IBM、联想、海尔、长虹和 TCL 等在内的许多知名制造商都采用了这种双渠道营销模式。由于该双渠道营销模式在商业实践中较为典型，因而有大量的双渠道文献针对该渠道模式进行了研究［如，蒋（Chiang）等[22]，阿亚（Arya）等[23]，淳（Chun）等[24]，但斌和徐广业[25]，陈远高和刘南[26]，陈树桢等[27]］。

整合的传统渠道模式，如图 2.3 所示，即制造商兼并传统渠道中的中间商，进而采用专卖店式的自主经营，而网络渠道则由独立的 E 中间商来控制。需要指出的是，目前针对该模式的研究文献尚不多见。

水平整合模式，如 2.4 所示，中间商采用了双渠道对消费者营销产品。例如，国美、苏宁、沃尔玛等传统中间商都已经开通了网上销售渠道。泽特迈耶（Zettelmeyer）[28]研究了竞争情况下的中间商通过双渠道模式对消费者推送产品效用等信息；结果表明，在仅有部分消费者能接触因特网时，拥有双渠道的中间商向消费者的信息推送量更大。欧菲克（Ofek）等[29]在竞争的背景下，研究了中间商自身网络渠道的开通，对其定价策略的影响；研究发现当中间商间的竞争不激烈时，网络渠道的开通虽然降低了中间商实体店的赢利，但能迫使中间商实体店的服务水平提高。

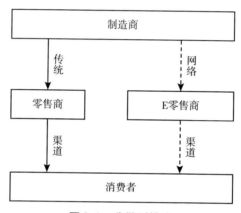

图 2.1　分散型模式

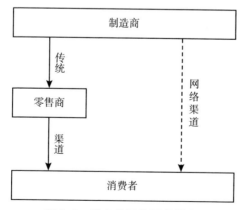

图 2.2　整合的网络渠道模式

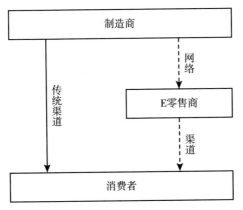

图 2.3 整合的传统渠道模式

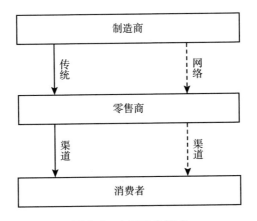

图 2.4 水平整合模式

基于与研究背景相一致，本书选取了整合的网络渠道模式（见图 2.2）为研究对象，因而本书的后续研究都是针对这种双渠道营销模式展开。

2. 双渠道供应链研究相关议题

本书仅挑选双渠道供应链中的渠道选择、渠道冲突及协调、渠道定价等与本书研究相关的议题进行回顾和梳理。

（1）双渠道供应链的渠道选择问题综述。渠道选择议题一直是双渠道供应链领域的研究热点之一[15]。

蒋等[22]研究了消费者的直销渠道接受程度对供应链成员的影响。研究结果表明，当消费者对直销渠道的接受程度较高时，即使直销渠道没有效率，制造商仍然会开通直销渠道，并利用它来策略性地控制下游的中间商，从而提高自身的利润。

姚（Yao）和刘（Liu）[30]分别研究了伯特兰德（Bertrand）和斯塔克尔伯格两种博弈模式下的制造商与中间商间的竞争问题，并分别求得了两种竞争情况下的最优解，进而比较了两种竞争情况下的供应链成员的利润。研究结果表明，制造商可以通过调整批发价格来鼓励中间商配合直销渠道的开通。

亨德肖特（Hendershott）和张（Zhang）[31]考虑了顾客不满意情况下的退货成本问题，对比分析了单一传统渠道、单一电子渠道和双渠道等模式下的供应链成员利润。研究发现，如果制造商的直销渠道针对的是高端顾客，那么上游企业的利润会增加，与此同时，直销渠道的开通使得在传统渠道中购物的消费者剩余会增加，进而增加社会福利。

阿亚等[23]分别建立了单一传统渠道和双渠道两个营销模型，并对其进行了比对，从而研究了制造商的直销对传统渠道中的中间商的影响。研究发现，为了避免对中间商形成过度的挤压，制造商在侵入中间商市场的同时会降低批发价格，因而在一定条件下中间商会获益于制造商的直销行为。

张（Zhang）等[32]分别在制造商为斯塔克尔伯格博弈的领导者、中间商为斯塔克尔伯格博弈的领导者和双方纳什博弈三种博弈情形下考虑了产品替代性和相关渠道状态等因素。研究发现，所有的供应链成员都倾向于采用自己为主导者的斯塔克尔伯格博弈模式，而且没有一种渠道权力结构能使所有的供应链成员都获益。

国内也有大量的学者研究了双渠道营销模式下的渠道选择问题。

肖剑等[33]分别在斯塔克尔伯格和伯特兰德博弈模式下，探讨了双渠道供应链中制造商将电子渠道交由中间商完成的服务合作问题。研究发现，渠道价格和需求受制造商在电子渠道的边际服务成本和中间商在电子渠道的边际服务成本影响；而且零售渠道的定价与电子渠道的服务成本正相关，而且斯塔克尔伯格竞争下制造商电子渠道和零售渠道价格均小于伯特兰德竞争情形。

王虹和周晶[34]在由制造商和中间商组成的双渠道供应链中，探讨了存在替代产品竞争的情况下的制造商和中间商的决策问题，进而分析了供应链成员的风险规避度对其定价决策的影响。研究结果表明，一定程度的市场竞争会减弱供应链成员风险规避特征对其决策产生的影响，提高参与者的定价，增加参与者的收益。

陈远高和刘南[35]分别讨论了集中决策与分散决策情形下的双渠道供应链中的定价和服务策略问题，进而讨论了差异化的渠道服务和渠道接受程度对双渠道供应链成员在定价、服务提供、利润分配和渠道选择方面的影响。

赵金实等[36]在中间商采取双渠道营销情况下，讨论了供应链主导权位置的变化对中间商与供应商关系的影响。他们发现掌握主导权的一方的利润更大，而且供应商主导型供应链的整体利润水平高于中间商主导型供应链。

李书娟等[37]比较分析了电子渠道单独由制造商控制的竞争模式和制造商与中间商的合作的两种模式，探讨了风险态度对供应链双方利润和运作模式选择的影响。研究表明直销渠道最优价格和零售渠道最优价格不受中间商和制造商是否合作的影响，但受到供应链双方风险规避度的影响。

一般而言，在双渠道供应链背景下考虑渠道选择问题的目的不外乎是探讨渠道结构的变化或直销渠道的添加对供应链成员，特别是对传统供应链中的中间商的影响。黄（Huang）等[38]、马（Ma）等[39]、胡佳（Khouja）和王（Wang）[40]、罗美玲等[41]、张盼等[42]和邢伟等[43]文献虽然在研究假设、研究方法和研究结论上各不相同，但他们都分析了网络直销对供应链成员的定价、策略选择、利润等的影响，因而他们都应当是在探讨双渠道供应链下的渠道选择问题。

（2）双渠道供应链的渠道冲突问题综述。渠道冲突是指某渠道成员从事的活动阻碍或者不利于其他成员实现自身的目标，进而发生的种种矛盾和纠纷[44]。在双渠道中制造商既是中间商的供货商也是其市场竞争者，因而双渠道中的渠道冲突更是难以避免[45,46]。中间商家得宝（Home Depot）曾在给其 1000 多家供应商的信中宣称如果某个供应商开通网络直销，那么他会立即停止销售该供应商的产品[47]。

安卡拉尼（Ancarani）和尚卡尔（Shankar）[48]对比研究了单一网络渠道、单一传统零售渠道和双渠道三种渠道结构。研究发现，当模型将产品运输所产生的邮费加以考虑时，单一传统渠道模型中的产品售价最高，随后是双渠道供应链模型、售价最低的当属单一网络渠道。特别是，他们发现由于渠道冲突的存在，双渠道供应链中产品定价和供应链成员利润都不是整体最优，然后他们提出可对传统零售渠道与在线直销渠道提供同样的服务来缓解渠道冲突。

卡特尼（Cattani）等[113]研究了直销渠道和传统渠道价格一致时的双渠道冲突处理策略问题，并以传统单一渠道时的最优解为基准，分别对比分析了制造商保持价格不变、批发价格不变、选择最优批发价格和双渠道集中决策四种情况。结果表明不管是制造商、中间商还是消费者都倾向于制造商在双渠道下采用最优批发价格的策略。

韦布和兰贝[17]基于四个 B2B 的案例讨论了渠道冲突问题，并将市场分为企业需求和个人消费者两类，研究结果表明，产品的研究周期是多渠道供应链冲突的重要影响因素。

穆霍帕德海（Mukhopadhyay）等[50]考虑了制造商在直销渠道销售低端的产品的同时，而允许中间商在传统渠道中对消费者提供增值服务的情形，分析了对制造商完全信息、不完全信息的两种情况。研究结果表明，当中间商的增值服务的成本高于某个阈值时，他不会向制造商透露其成本信息，从而导致了渠道冲突。

陈（Chen）等[51]在直销渠道的服务水平用送货时间来反映，而中间商的服务水平由获得产品的概率来决定的双渠道模型中，考虑了直销渠道的管理成本和零售商的不便利情况等因素对双渠道间的服务竞争和渠道的影响。研究发现，当直销成本较低时，即使面临渠道冲突，制造商也应当开通直销渠道。而当直销成本高于某一阈值，只有当零售商的不便利程度非常高时，才考虑直销渠道的开通，否则将面临严峻的渠道冲突而得不偿失。

华（Hua）等[4]在分散决策的双渠道供应链和集中决策的双渠道供应链中，研究了直销渠道的服务水平（送货时间）对传统渠道中中间商的影响。研究发现，如果某个渠道占领的市场份额较大，为避免渠道冲突，该渠道中的决策主体应当适当提高产品的销售价格。而随着消费者习惯于在直销渠道购买，分散渠道中的批发价格和零售价格与集中的双渠道供应链的两种价格趋于相同。

国内部分，王国才和赵彦辉[52]将多渠道中的渠道冲突的原因归结于，供应链成员间的目标不兼容、不同渠道成员可能出现渠道间的区域重合和渠道成员对现实的感知经常存在差异等，然后提出应尽可能在外部对不同的渠道成员进行区隔、多渠道整合等策略来应对渠道冲突问题。

赵礼强和徐家旺[53]从消费者效用差异出发，建立了双渠道环境下需求依赖价格变化的需求函数，运用博弈论建立决策模型。研究结果表明，制造商在保持传统渠道的同时，开辟电子渠道将导致传统中间商的市场份额减少，利润降低，进而引起渠道冲突。

王瑶等[54]也认为传统零售渠道和电子直销渠道定位重合，销售的产品完全相同，目标客户一致是导致双渠道供应链内部的冲突不断加剧的根本原因，进而讨论了采用双渠道中销售有差别的产品的策略。研究结果表明，制造商生产高端和低端两种产品，并利用通过传统中间商渠道销售高端产品，通过自有的电子直销渠道销售低端产品能有效缓解双渠道中的渠道冲突。

（3）双渠道供应链中的渠道协调问题综述。包括多兰（Dolan）[55]、科比特（Corbett）和赫罗特（Groote）[56]、李（Li）和王（Wang）[57]、阿尔廷塔斯（Altintas）[58]、胡军[59]和王勇[60]等大量学者研究了单一传统供应链中的冲突问题，并提出了一系列的协调契约合同，如数量弹性合同、价格折扣合同、信息共享合同、收益共享合同和风险分担合同等。

由于双渠道中既有纵向冲突又有横向冲突，因而渠道冲突问题相对比较复杂，对此学者纷纷针对双渠道的特点对传统契约加以改进或设置新的协调契约。

塞弗特（Seifert）等[61]采用数学建模解决了采购上通过远期合同和最优订货量在现货市场进行最优订货量的采购问题。他们假设采购商既可以通过远期合同又可以到现货市场进行采购，分析了现货价格对需求的影响，进而讨论了风险厌恶等参数问题。研究结果表明，尽管通过现货市场采购面临着一定的风险，但是现货市场的采购能提高其利润所得。

柏雅思（Boyaci）[62]考虑了在双渠道供应链中制造商和中间商各自通过库存来满足消费者的市场需求，研究了双渠道下的横向竞争和纵向竞争问题，发现这两种竞争都导致了制造商和中间商都过量来积累库存，从而导致双渠道供应链的效率低下。发现一般的批发价格契约、回购契约、收益共享契约等都不能解决双渠道供应链的上述问题，因此他们针对双渠道供应链的上述问题设计了回购与奖惩的组合契约。

耿（Geng）和马尔里克（Mallik）[63]研究了双渠道中某个渠道缺货时，顾客会转向另一个渠道购买的情形下的库存竞争问题，发现在一定条件下即使自己的库存充足，制造商仍会有意不向中间商提供足量的货物，从而导致中间商的库存不足，通过协调前的单一传统零售渠道与双渠道供应链下的最优订货量的对比分析发现，直销渠道的开通降低了供应链的效率，进而提出了用逆向收益共享契约与转移支付的组合契约来实现双渠道供应链的协调。

蔡（Cai）等[64]分别在制造商为斯塔克尔伯格博弈的主导者、中间商为斯塔克尔伯格博弈的主导者和双方进行纳什博弈等博弈情形下，分析了价格折扣契约及多种定价策略对双渠道供应链的影响。研究发现，当直销渠道的价格与零售渠道的价格保持一致时，制造商的直销仅能缓解渠道冲突。另外，他们提出在以上研究模型中使用价格折扣契约能实现供应链的协调。

许（Xu）等[65]通过对比分析集中式双渠道供应链与分散式双渠道供应链两种营销模式发现，分散式双渠道供应链的渠道间的纵向和横向竞争导致供应链效率低下，进而提出了用双向收益分享契约来实现供应链的协调。

赖安（Ryan）等[66]在假设每个渠道的需求基于价格和订购数量的报童模型的前提下，求得了双渠道供应链中的最优价格，并将双渠道下的最优价格与整合供应链的最优价格进行对比分析发现，当中间商拥有较大的市场份额时，收益分享契约使得制造商在双渠道中实行价格歧视，即在不同的渠道以不同的价格销售不同的产品。

而郭亚军和赵礼强[67]通过消费者效用理论来建立双渠道环境下的需求函数，发现当网上购买成本较低时，制造商采取混合双渠道后，电子渠道与传统渠道形成竞争，一部分消费者将转移到网上电子渠道来购物，传统渠道的市场份额减少，利润降低，从而导致渠道冲突，为此他们设计了转移支付的协调机制实现了双渠道冲突的协调。

陈树桢等[27]在促销—价格敏感需求与促销补偿激励等条件下，构建了传统零售与网上直销并存的双渠道模式。比较了集中式与分散式决策下供应链最优的促销投入、促销补偿投资与定价策略，研究了促使双渠道达成协调的合同设计。研究发现，单独利用两部定价合同不能有效地协调双渠道供应链，而两部定价合同与促销水平补偿合同的组合能够实现供应链协调和渠道成员双赢，且满足这种条件的组合合同有无穷多个。

但斌等[68]构建了电子商务环境下由一个制造商与一个中间商组成的双渠道供应链模型，比较分析了集中式决策与分散式决策下双渠道供应链的最优价格和利润，发现电子渠道的实施导致了渠道冲突。为此，他们提出了双渠道供应链协调的补偿策略，即制造商将其电子渠道订单按一定比例提供给中间商，作为开拓电子渠道可能损害中间商利益的补偿，从而激励中间商继续与其合作，同时为了保证自身利益不受到损害，将向中间商收取一定的"特许费用"作为享受补偿的门槛，论证了这种补偿策略能够实现双渠道供应链协调。

（4）双渠道供应链中的定价问题综述。

①有大量的学者关注了双渠道中的新产品定价问题。

其中，淳（Chun）和基姆（Kim）[69]研究了直销渠道与传统零售渠道间的价格竞争问题。研究结果表明，当更多消费者采用网上购物时，直销渠道和传统零售渠道的价格均会下降，但最终网上渠道的价格会高于传统零售渠道的产品售价，进而导致传统渠道中的中间商的利润下降，而直销渠道的利润和效率均会增加。

库拉塔（Kurata）等[70]研究了双渠道供应链中存在大小品牌两类产品，其中大品牌能够通过直销渠道和传统零售渠道两个渠道来销售，而小品牌仅在传统零售渠道销售，它们之间的价格竞争问题。

但（Dan）等[3]在斯塔克尔伯格博弈情况下采用两阶段优化方法，分别求解了双渠道供应链的集中决策和分散决策两种情况，并进一步考虑了中间商服务水平、顾客对传统零售渠道的忠诚程度和相关成员的定价等的影响。研究发现，消费者在两渠道间的转移率 μ 随着中间商的服务水平的增加而增加，而且消费者对传统零售渠道的忠诚度和直销渠道的定价等对中间商的服务水平和定价策略产生较大的影响。

陈云等[71]采用一个两阶段博弈模型分两种情形对双渠道中间商的定价行为进行了研究，考虑电子商务实施程度 v 对双渠道中间商定价策略的影响，采用一个两阶段博弈模型分 $\theta_e \geq \theta_t$ 和 $\theta_e < \theta_t$ 两种情形对双渠道中间商的定价策略以及电子商务中间商与传统中间商的价格竞争行为进行了建模分析。

肖剑等[72]在对称信息的框架下，建立了双渠道供应链中制造商电子渠道与中间商服务合作的斯塔克尔伯格和伯特兰德博弈模型。研究发现，渠道价格和需求受制造商在电子渠道的边际服务成本和中间商在电子渠道的边际服务成本影响；零售渠道的定价与制造商在电子渠道的服务成本成正比。

②有部分学者在双渠道中考虑了再制造品的定价问题。

马（Ma）等[73]考虑了政府补贴对双渠道下的产品（新产品和再制造品）定价问题。通过对比分析存在政府补贴和不存在政府补贴两种情况下的双渠道闭环供应链最优解发现，政府对再制造的补贴不仅使制造商和中间商受益，而且使购买新产品的消费者也能受益，但政府补贴对 E 中间商的影响却不确定。

徐峰和盛昭瀚[74]基于产品再制造背景，采用单周期模型分别分析了产品再制造策略、双渠道策略、全渠道策略、分渠道专售策略等策略下的制造商双渠道定价问题。

林杰和曹凯[75]在双销售渠道和双回收渠道并存下的闭环供应链中，分别以制造商和中间商为博弈领导者建立闭环供应链定价模型；研究和对比了两种不同渠道权力结构对批发价、零售价、直销渠道的产品零售价、制造商直接回收渠道回收价、第三方回收渠道回收价、中间商利润和第三方利润的影响；分析了再制造成本、双销售渠道竞争系数和双回收渠道竞争系数对渠道成员定价决策和利润的影响。

陈娟等[76]研究了其闭环供应链实施再制造的潜在经济收益；分析了单、双回收渠道下正向和逆向供应链系统中产品销售率、产品/部件的相对回收速度对整个闭环供应链实施再制造项目经济收益的影响。

2.2 耐用品及其营销文献综述

耐用品就是指能够在多周期内提供使用效应的产品，它同时具有资产和一般非耐用消费品的特性[7,8]。

在统计年鉴中，常常将耐用品的消费用来作为衡量居民生活质量和国家经济波动的重要统计指标之一。

首先，耐用品的消费可以用来衡量居民的生活质量[77]。例如，我国居民家庭在中华人民共和国成立初期的耐用品消费往往仅限于凳子、桌子、柜子、床等。而到 20 世纪六七十年代，我国居民家庭的耐用品消费则集中于自行车、缝纫机、手表等，随后进入 80 年代的彩电、冰箱、洗衣机等电器消费时代。随着我国人民生活水平的进一步提高，现如今，手机、电脑、家庭影院等新型耐用品在城镇居民中广泛普及的同时，像汽车、房屋等高档耐用品的消费也在加速。

其次，耐用品的消费可以用来衡量一个国家的经济波动情况[78]。例如，自 2008 年全球性经济危机以来，以美国为代表的发达国家进入了耐用品消费疲软时期，其中房子、汽车等耐用消费更是直到近期才有所恢复。为了降低经济危机对我国经济的影响，我国政府相继出台了家电下乡、汽车下乡等一系列刺激耐用品消费的政策。

从生产者角度来看，与非耐用品相比，耐用品在生产和营销等方面存在诸多不同之处。

（1）与非耐用品不同，耐用品的耐用程度直接决定了消费者的购买频率和更换速度，因而，除价格和产量外，产品的耐用程度也是影响厂商的利润的重要因素[8]。

（2）由于一些耐用品，如汽车、高档电子设备等售价较高，因而占家庭财富的比重较大，所以除销售外，耐用品租赁也是耐用品厂商常用的营销策略之一[9]。

（3）耐用品的新旧产品具有替代性，所以除了灯泡等这类具有"突然死亡"特性的耐用品外，与非耐用品不同，很多耐用品具有庞大而活跃的二手市场[79]。

（4）与非耐用品不同，由于部分耐用品的零部件价值较高，所以部分耐用品存在再制造问题[12]。

（5）由于耐用品的使用寿命较长，因而一般来讲，消费者不会主动放弃手头的旧产品而来购买新产品。面对这种情况，与非耐用品不同，耐用品相关企业往往会有计划地废弃消费者手头的旧产品，使得消费者不得不重复购买，从而导致废弃问题的出现。

（6）作为一种资产，耐用品消费的利率弹性较大；并且由于耐用品的使用寿命较长，与非耐用品不同，消费者可以根据经济的景气状况调整对耐用品购买或更新的时间[8]。

耐用品理论研究一直以来都是现代微观生产理论和产业组织理论的重要研究内容[7,8,80]。基于篇幅考虑，本书仅对耐用品的耐用度及其选择问题、租赁与销售策略选择问题和再制造问题等与本书密切相关的三个议题进行回顾和评述。

1. 耐用度及最优质量选择问题综述

早在 1934 年维克塞尔（Wicksell）就研究了耐用度问题，即维克塞尔[81]考虑了一个固定资产模型，该模型假设产品的寿命长度是企业可以根据自身利润最大化来选择的一个变量。基于企业为耐用品选择的寿命长度应当与真实工资率成正比的前提，维克塞尔建立了一个耐用设备生产成本与设备使用过程中其使用价值逐期消耗的等式：$wz = \dfrac{v}{\rho}(1 - e^{-\rho\theta})$，$0 < w < 1$，$0 < \rho < 1$。其中 z 为成本；v 是设备的实际使用价值；θ 为设备的耐用程度。研究结果表明，为了实现利润最大化，耐用品厂商往往会选择较低的产品耐用度。

左哈里（Levhari）和斯里尼瓦桑（Srinivasan）[82]在假设产品的单位成本 $c(N)$ 是其寿命 N 的函数的条件下，证明了当边际成本 $\dfrac{c'(N)}{c(N)}$ 上升时，对比市场均衡水平的耐用度，垄断者通常会选择更低的产品耐用度，也就是说市场垄断会导致企业选择的耐用度扭曲且较低。

随后，斯旺（Swan）[83]在 1 单位的耐用品能在 N 个周期内提供相同量的服务，而后这个耐用品的使用价值为 0 的前提假设下，将耐用品在 N 个周期内的总价值为 P_N 表述成 $P_N = p\int_{t=0}^{N} e^{-rt}\mathrm{d}t$，从而可得垄断厂商的利润为：$\pi = \dfrac{Q[P_N - c(N)]}{1 - e^{-rN}}$，通过 $\dfrac{c'(N)}{c(N)} = \dfrac{r}{e^{rN} - 1}$（其中 p 为耐用品提供的每单位服务的价值；r 为折现率；$c(N)$ 为成本，Q 是每期的产品）进而得出垄断厂商所选的产品耐用度与市场均衡水平的耐用度相同的结论。显然该研究否定了左哈里和斯里尼瓦桑[82]的结论，他证明了耐用度的选择与市场结构无关。

随后，斯旺[84]对耐用品厂商提供维护耐用品的服务加以考虑，他们认为一旦耐用品厂商面临的需求曲线有弹性，那么该厂商的耐用度选择将不会受价格和需求状态的影响，而且消费者关心的是耐用品所能提供的总服务，因而垄断的耐用品厂商会尽量降低产品耐用性的单位成本，直到该成本与竞争状态下的耐用品厂商一样。也就是说斯旺[84]进一步证明了斯旺[83]的耐用度的选择与市场结构无关的研究结论，进而提出了最优耐用度理论。

但是，需要指出的是，斯旺[83,84]中一定数量旧产品所提供的效用等同于一单位新产品的效用的假设不甚合理。直到，瓦尔德曼[85]提出新旧产品不能完全替代。即他在消费者对新旧产品提供的效用的估价不同的假设条件下，建立了产品的质量随着产品的耐用度下降而下降的模型，研究发现，垄断产品通常对耐用度的投资不足，进而导致旧产品的质量低于完全竞争时的质量水平。

戈林（Goering）[86]采用一个两周期耐用度选择模型，并假设产品被原创者制造出来后在市场销售，进而引来产品的复制。研究发现，面对这一情况，如果垄断的原创者不能对这种复制行为进行有效控制，那么他会采取"反计划废弃"行为，即制造出比竞争水平耐用度更高的产品，从而发现在这种情况下，斯旺的最优耐用度理论并不成立。

潘本（Pangburn）和斯塔夫鲁拉基（Stavrulaki）[87]采用两周期模型研究了回收成本对制造商产品耐用度和定价的影响。研究发现，产品的最优耐用度随着回收率升高而降低。另外，他们还分别考虑了回收成本分别是产品耐用度的增函数和减函数两种情况，研究发现，如果较高的产品耐用度带来的是回收成本的增加，那么租赁策略下的产品耐用度、利润、消费者剩余等都比销售策略下的高；相反，如果较高的耐用度带来的是回收成本的减少，那么销售策略下的产品耐用度、利润、消费者剩余等都比租赁策略下的高。

苏昊等[88]基于布洛（Bulow）[89]的耐用度选择模型，假设耐用品垄断厂商同时生产耐用品和易耗部件，建立了耐用品和易耗部件的需求 – 价格两期模型，研究了当存在易耗部件时的耐用品垄断厂商的销售定价和耐用度选择策略，研究发现，斯旺的市场独立化的结论对于生产易耗部件的耐用品销售厂商不再成立。并且得到了在耐用品的销售市场中，耐用品垄断厂商所选择的耐用品的最优耐用度与易耗部件的耐用度之间互相影响的相关结论。

2. 租赁与销售策略选择问题综述

科斯[10]提出了"时间不一致"问题，即当前耐用品的价格会受到将来产品价格的影响，而且随着垄断商在市场上出售的产品越多，那么其产品未来的售价将会越低，从而造成了当前产品的未来估价比实际的未来售价偏高，而垄断商又不会作出将来不降价的承诺；即使作出该承诺，由于产品已经售出，从利润最大化的目标出发，垄断商就没有动力去内部化这种外部性，因而如果消费者具有理性预期，那么他们会放弃当前的购买转而选择等待，直到产品的售价等于其生产成本。面对这一情况，科斯猜想垄断厂商可以采取租赁策略来避免"时间不一致"问题。

斯托基（Stokey）[90]针对科斯猜想问题进行了建模分析，并考虑了耐用品的产出分别是离散变量和连续变量时的情况，研究发现，如果消费者的当前消费不受前期消费行为的影响，即市场上的消费者的购买行为没有记忆性，那么耐用品企业的声誉无法形成，进而导致耐用品的销售企业没有动力去内部化上述的外部性，即科斯猜想就是正确的。

布洛（1982）[91]也针对科斯猜想问题进行了建模分析，他假设产品的使用寿命为两周期，即在第一期市场上只有新产品，而在第二期中产品可以分为新产品和旧产品（第一期的新产品在第二期变成了旧产品），通过对比分析租赁和销售两种策略下的利润，发现垄断商在两种策略下，都会在第一期生产出垄断产量的耐用品，进而谋求得第一期的利润为垄断利润，而到第二期后，随着营销策略的不同产量也有所不同，当垄断商采取租赁时，他不会生产更多的产品，进而使市场价格继续维持在垄断价格水平，但是当垄断商采取销售时，他会向市场再销售更多的产品，从而使销售策略下的垄断价格不能维持，以致使消费者第一期购买的产品贬值。因而，当市场上充满理性的消费者时，就会出现"时间不一致"问题，即垄断商采用销售策略时的利润少于其采用租赁策略的利润。

德赛和普罗希特[92]考虑了耐用品作为外生变量对供应链成员决策的影响，他们假设租赁和销售情况下的产品的耐用度各不相同，发现产品耐用度对租赁和销售策略的利润产生重要的影响，特别是当销售策略下产品的耐用度远低于租赁策略下产品耐用度时，产品销售策略能给垄断者带来比租赁策略更高的利润，因而此时纯销售策略将是垄断厂商的最优策略。

随后，德赛和普罗希特[93]进一步考虑竞争情况下的耐用品厂商的租赁和销售策略选择问题。他们建立了两周期的双寡头模型，其中每个制造商根据利润最大化的目的来选择最优营销数量和最优租赁比率，并考虑产品耐用度对租赁和销售策略的影响。研究发现，两个制造商均会在租赁和销售混合的策略和纯销售策略间进行选择，而不会采取纯租赁策略，而且当市场竞争强度等条件一样时，产品的租赁比率随着产品的耐用度的降低而降低，进而用汽车工业的数据对该论文的相关结论进行了验证。

巴斯卡兰（Bhaskaran）和吉尔伯特（Gilbert）[94]在由制造商和中间商

组成的传统供应链中考虑了制造商和中间商的销售和租赁策略。首先，制造商可以选择将产品销售或租赁给中间商，其次，如果制造商选择租赁，那么中间商将只能也对消费者进行产品租赁，而当制造商选择销售时，中间商获得产品后，可以在市场上选择销售和租赁。研究发现，当中间商间的竞争强度较大时，制造商会选择租赁策略。

梁喜和熊中楷[9]利用两周期模型研究了在占主导地位的单个汽车制造商向单个中间商和单个租赁商分别销售产品，然后中间商在零售市场销售产品，租赁商在租赁市场出租产品的供应链中的产品回购问题。进而将渠道结构划分为独立式、冲突式和回购式三类，并分析了租赁渠道对传统零售渠道的影响以及对制造商的启示。

3. 再制造品的影响问题综述

再制造是将磨损或者废弃的产品恢复如初的过程，它包括产品的拆卸、清洗、再加工、再组装和检测等过程。一般来说，一个产品是否可以被再制造往往要符合以下几个特征[12]：首先，该产品必须是含有高价值部件的耐用品。其次，市场上有对该产品的再制造品的需求。再次，产品具有易拆卸、能修复或替换、可复原等可再制造性的产品设计。从可持续的角度来看，再制造不仅恢复了原材料，而且保护了能源和生态，是一种符合可持续发展要求的先进制造模式[95]。因而，再制造被称为产品循环再利用的终极模式[96]。

蒂埃里（Thierry）等[97]首次系统性地分析了产品再生的运作环节，如图 2.5 所示，并把产品和产品部件的再生分为：维修（Repair，对产品进行重新包装等常规维护后再销售）、翻新（Refurbishing，对产品进行重新检查和清洗等维护后再销售）、再制造（Remanufacturing，对产品的相关部件进行更换和再次组装后再销售）、拆用零件（Cannibalization，对产品的相关部件拆卸，并再次同其他部件进行组装）和回收再利用（Recycling，将可以回收的产品原材料进行材料挽救）五种。

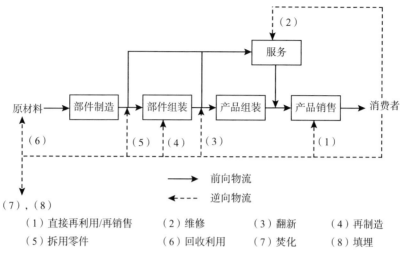

（1）直接再利用/再销售　　（2）维修　　　（3）翻新　　　（4）再制造
（5）拆用零件　　　　　　　（6）回收利用　（7）焚化　　　（8）填埋

图 2.5　整合供应链中的产品再生分类

韦伯斯特（Webster）和米特拉（Mitra）[98]研究了制造商回收产品后，根据回收和再制造法规将旧产品分为两种处理方式：一是制造商可以将旧产品不受约束地卖给再制造商；二是制造商可以将旧产品卖给再制造商，但出售数量等受到回收和再制造方面的法规约束。研究发现，与不再制造相比，在一定条件下，第一种情况中的制造商和再制造商都能通过再制造获得更高的收益，但是，该种情况下的再制造品的售价较高。而与第一种情况相比，在第二种情况下的再制造给制造商带来的利润更加丰厚，而且随着再制造商的增多，制造商的利润越高。

阿塔苏（Atasu）等[99]研究了绿色顾客、制造商竞争和产品生命周期对再制造的影响。研究结果表明，再制造的赢利受上述因素的强烈影响，其中存在一个成本阈值，当再制造成本在该阈值之下时，再制造变得有利可图；另外，市场竞争越激烈，再制造的赢利越高。

国内再制造的倡导者徐滨士院士为再制造作出了新的诠释。徐滨士[11]认为，再制造是指以装备全寿命周期理论为指导，以实现废旧装备性能提升为目标，以优质、高效、节能、节材、环保为准则，以先进技术和产业化生产为手段，进行修复、改造废旧装备的一系列技术措施或工程活动的总称。

另外，有大量的学者，例如，熊中楷等[100]、但斌和丁雪峰[101]、徐峰等[102]、王文宾和达庆利[103]、谢家平等[104]分别从产品回收、生产计划、产品定价、消费者市场、渠道选择及协调等方面分析了耐用品的再制造问题。

2.3 文献简评

首先，有大量的学者针对双渠道供应链展开了研究，尤其是双渠道供应链中的渠道选择、渠道冲突与协调和产品定价等方面更是研究深入且成果丰富。但是，通过上述分析发现现有双渠道文献主要具有以下几点不足。

（1）现有的双渠道研究主要采用的是单周期模型，而鲜有文献考虑了多周期的耐用品营销问题。由于耐用品可以持续使用多个周期的特点，因而要求企业在进行双渠道营销时，既要考虑新产品的当期赢利又要考虑它对未来新产品的冲击，所以基于单周期模型的现有双渠道文献，不能完美地解决新旧产品同时存在时的多周期的耐用品双渠道营销问题，因而，针对产品耐用度建立多周期的双渠道供应链模型有其必要性。另外，即使在单周期情形下，也较少涉及双渠道模式下，制造商的最优质量选择及分配问题。

（2）现有的双渠道研究主要基于单一的销售策略来展开，而鲜有双渠道文献考虑租赁这一营销策略问题。但从实践来看，对耐用品相关企业而言，租赁和销售是不能偏颇的两种营销手段和策略，而且由上述耐用品文献分析可知，租赁和销售无论对相关企业还是对消费者都是两种完全不同的营销策略，所以考虑单一销售策略的双渠道文献也不能完美地解决存在租赁策略的耐用品双渠道营销问题，因而，在双渠道供应链模型中考虑租赁这一营销策略有其现实意义。

（3）尽管有一部分学者，如马（Ma）等[73]、陈娟等[76]、徐峰和盛昭瀚[74]、林杰和曹凯[75]等，考虑了双渠道下的再制造品营销问题，但是他们的研究有以下局限：首先，他们忽略了第三方分销再制造品这一典型的双渠道营销模式。而在实践中，有大量的耐用品制造商通过第三方来销售再制造品。例如松下就将其再制造品通过 Telrepco、Buy Tough 和 Rugged Depot 等第三方中间商来向消费者销售再制造笔记本。另外，我国的《汽车零部件再制造试点管理办法》就明确规定，经过再制造后的汽车部件必须贴有再制造的标准，并通过售后服务中的第三方来销售，而不得直接向社会零售市场销售。因而，在双渠道下探讨再制造品的网上直销和第三方分销对供应链成品的利润影响即符合实际实践又有理论必要性。其次，既然涉及再制造，那么它的环境绩效就不应当被忽视，但是上述文献均没有探究双渠道下再制造品营销的环境绩效问题，因而探究双渠道下再制造品营销的环境绩效既能补充现有双渠道供应链研究的不足也有其实际意义。

另外，耐用品理论研究一直以来都是现代微观生产理论和产业组织理论的重要研究内容，尤其是耐用品的耐用度及其选择、租赁和销售策略选择、再制造品的影响等问题更是如此。但从文献综述可以看出，现有耐用品的研究都没有涉及双渠道供应链这一全新渠道模式。因而，在双渠道供应链这一全新的渠道结构下，研究耐用品的耐用度及其选择、租赁和销售策略选择、再制造等问题即符合当前耐用品营销实践发展的趋势，也延伸了耐用品理论的研究触角。

第3章　产品耐用度及影响机制问题

本章采用斯塔克尔伯格动态博弈，构建了一个两周期的双渠道供应链模型，研究了双渠道供应链中的耐用品制造商与中间商的最优决策问题。通过对比分析单一传统渠道和双渠道供应链的最优解，探讨了产品耐用度和渠道结构变化对双渠道供应链成员的影响。需要指出的是，通过与阿亚等[23]相关结论的对比，本章详细探讨了双渠道供应链中耐用品与非耐用品营销的异同。

3.1　引　　言

耐用度始终是耐用品营销中不可回避的议题之一。早在科斯[10]的研究中就指出，一个耐用度非常高的产品对销售者总是不利的，原因有两个：一是对理性的消费者而言，如果其购买的产品生命周期越长，那么该产品未来降价的可能性越大，也就是说产品的耐用度越高，其使用寿命就越长，那么制造商等销售企业在未来降价的时间也越充足。消费者这种降价预期严重降低了耐用品销售者对当前产品设置高价的可能性。二是产品的耐用度越高，消费者重复购买和更新换代的时间间隔越久，从而影响销售者的再次赢利。因而早在 19 世纪 30 年代，通用电气和飞利浦就联合起来缩短了各自产品的使用寿命。而苹果公司则是采取不断对产品更新换代和软件升级的方式来计划性地废弃上一代产品，从而为新一代的 iPhone 和 iPad 等产品腾出空间市场[105]。另外，有大量的学者探讨了市场结构与产品耐用度的关系（详见前面文献综述），其中最主要有两个不同观点：①左哈里和斯里尼瓦桑[82]及戈林（Goering）[86]等学者认为产品耐用度与市场结构有密切关系。②以斯旺[84]为代表的学者认为产品耐用度不会随着市场结构的变化而变化。那么在大量的耐用品制造商实施双渠道营销的今天，到底耐用度对再制造商的双渠道决策影响如何呢？这应当是一个相当具有实践意义的问题。

本章的研究思路类似于德赛和普罗希特[92,93]，在假设产品耐用度为外生变量的情况下，分析了单一传统渠道和双渠道供应链下的供应链成员的决策问题，并进一步探讨了产品耐用度对供应链成员的影响。需要指出的是，阿亚等[23]的研究结论与本章产品耐用度为零时的利润一致，因而将他们的研究结论扩展到了耐用品领域。

本章的内容组织结构如下：3.2 节是模型假设；3.3 节是模型分析（其中包括，3.3.1 节对单一传统渠道进行了分析；3.3.2 节研究了双渠道策略下的最优解问题；基于 3.3.1 节和 3.3.2 节的分析，3.3.3 节对比研究了两种渠道结构下的最优解）；3.4 节是本章小结。

3.2 模 型 假 设

如图 3.1 所示，在单个制造商和单个中间商组成的双渠道供应链中，假设制造商与中间商销售相同的产品；与阿亚等[23]假设一致，制造商和中间商的博弈顺序如下：首先，制造商宣布批发价格；其次，根据制造商的批发价格，中间商选择最优销量；最后，根据中间商的反应，制造商再选择直销渠道的产品销售量。

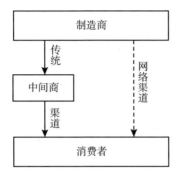

图 3.1　研究框架

3.2.1　关于产品

与布洛[91]及德赛和普罗希特[92,93]相同，我们采用两周期模型，即在第一周期中，市场上的产品全是新产品，而在第二周期，市场上既有新产品也有旧产品（第一周期的新产品到第二周期后变成了旧产品）。

为了区分新旧产品，假设产品的耐用程度为 $\gamma(0 \leqslant \gamma \leqslant 1)$。如果 $\gamma = 1$ 则产品完全耐用，即在第二周期中，新旧产品没有区别；而如果 $\gamma = 0$ 则产品完全不耐用，即经过一周期的使用后，在第二周期中，产品完全丧失了使用价值。

3.2.2　关于制造商

制造商通过选择最优批发价格（w_i）和最优直销数量（q_{iM}）来最大化其利润，其中 $i = 1, 2$ 分别代表第一周期和第二周期。与阿亚等[23]相同，假设产品的制造成本为 0，而在直销渠道中，制造商的单位销售成本为 $C_d = c \geqslant 0$。

3.2.3　关于中间商

根据制造商的批发价格，中间商通过选取最优销量来最大化其利润。为了表示中间商更接近消费者而具有分销优势，类似于阿亚等[23]，假设中间商的分销成本为 $C_R = 0$。

3.2.4　关于消费者

与布洛[89]及德赛和普罗希特[92]相同，假设在每个周期中，单个消费者最多使用一个耐用品。假设市场容量为 a，消费者对产品的估价为 θ，θ 在区间 $[0, a]$ 呈均匀分布。由于耐用品的耐用程度为 γ，那么对产品估价为 θ 的消费者对旧产品的估价为 $\gamma\theta$。

q_{iM} 和 q_{iR} 分别代表制造商和中间商在第 i 周期中的产品销售量，而 l_{ik} 为第 i 周期中产品 k 的服务价格，其中 $k = n, u$ 分别表示新产品和旧产品。类似德赛和普罗希特[92]及阿格拉瓦（Agrawal）等[106]，根据消费者效用函数，可以求得第二周期中的新旧产品的服务价格为

$$l_{2n} = a - \gamma(q_{1R} + q_{1M}) - q_{2R} - q_{2M}$$
$$l_{2u} = \gamma(a - q_{1R} - q_{2R} - q_{1M} - q_{2M}) \tag{3.1}$$

由于在第一周期中市场上只有新产品，所以第一周期中新产品的服务价格为

$$l_{1n} = a - q_{1R} - q_{1M} \tag{3.2}$$

由于第一周期的产品可以使用两个周期（第一周期时为新产品，第二周期时为旧产品），那么在第一周期中，该产品的售价应当是两周期中产品所提供的服务总量的价格，即 $p_{1n} = l_{1n} + \rho l_{2u}$，其中 ρ 是资金贴现因子，为了简化，将上述市场容量进行归一化处理，即进一步假设市场容量为

1。另外，我们也不考虑资金折现问题，即假设 $\rho = 1$；由于第二周期为最后一期，因而 $p_{2n} = l_{2n}$。

3.3 模型分析

作为研究的基准，首先分析单一的传统供应链模型；然后再分析双渠道供应链模式；最后将两者进行比较分析。

3.3.1 模型 S——单一传统渠道模型

根据方程（3.1）和（3.2），可以求得单一传统渠道模型中的逆需求函数为

$$p_{1n} = l_{1n} + l_{2u} = 1 - q_{1R} + \gamma(1 - q_{1R} - q_{2R}) \tag{3.3}$$
$$p_{2n} = l_{2n} = 1 - \gamma q_{1R} - q_{2R}$$

本书采用逆向递归法，即先求博弈双方在第二周期中的最优策略，然后再求相应决策主体在第一周期的最优策略。

1. 第二周期分析

分别用 $\pi_i^j(\Pi_i^j)$ 代表中间商（制造商）在模型 j 下第 i 周期的利润，其中，$j = s, d$ 分别代表模型 s（单一传统渠道模型）和模型 d（双渠道供应链模型），那么，制造商和中间商在第二周期的目标函数分别为：$\max\limits_{w_2}\Pi_2^s(w_2) = w_2 q_{2R}$ 和 $\max\limits_{q_{2R}}\pi_2^s(q_{2R}, w_2) = p_{2n}q_{2R} - w_2 q_{2R}$。

采用逆向递归法，即先求得中间商的最优订购量为

$$q_{2R}^{s*} = \frac{1 - \gamma q_{1R} - w_2}{2} \tag{3.4}$$

然后，将式（3.4）代入制造商利润函数，求得最优批发价格为

$$w_2^{s*} = \frac{1 - \gamma q_{1R}}{2} \tag{3.5}$$

2. 第一周期分析

在求得第二周期的最优解以后，现在来看供应链双方在第一周期中的最优决策问题。

在第二周期最优批发价格的基础上，制造商会在第一周期选取最优批发价格来实现两周期利润最大化，即 $\max\limits_{w_1} \Pi^s(q_{1R}, w_1) = \Pi_1^s(q_{1R}, w_1) + \Pi_2^{s*}(q_{1R}, w_1)$。而中间商则是在第二周期最优订购量的基础上，在第一周期会选取最优订购量来实现两周期利润最大化，即 $\max\limits_{q_{1R}} \pi^s(q_{1R}, w_1) = \pi_1^{s*}(q_{1R}, w_1) + \pi_2^{s*}(q_{1R}, w_1)$。采用逆向归纳法可以得到以下命题。

命题 3.1 在单一传统渠道模型中，有以下结论：

$$q_{2R}^{s*} = \frac{15\gamma^2 - 24\gamma - 32}{16(3\gamma^2 - 8\gamma - 8)}, \quad w_2^{s*} = \frac{15\gamma^2 - 24\gamma - 32}{8(3\gamma^2 - 8\gamma - 8)},$$

$$q_{1R}^{s*} = \frac{3\gamma + 8}{4(8 + 8\gamma - 3\gamma^2)}, \quad w_1^{s*} = \frac{45\gamma^3 - 56\gamma^2 - 240\gamma - 128}{32(3\gamma^2 - 8\gamma - 8)},$$

$$\pi^{s*} = \frac{99\gamma^4 - 864\gamma^3 + 848\gamma^2 + 3840\gamma + 2048}{256(3\gamma^2 - 8\gamma - 8)^2}, \quad \Pi^{s*} = \frac{15\gamma^2 - 112\gamma - 128}{64(3\gamma^2 - 8\gamma - 8)}。$$

证明：略。

我们发现德赛和普罗希特[92]在制造商直接向消费者销售耐用品的情形下，讨论了产品耐用度问题。因而通过上述命题与他们的相关结论的对比，可以发现产品耐用度及中间商的加入对供应链成员的影响。为了便于比较，用上标 b 来代表德赛和普罗希特[92]中的纯销售模型，而用 Π_T^{b*} 和 Π_T^{s*} 分别表示他们的纯销售模型与本书的单一传统渠道模型的供应链总利润。通过对比，可以得到以下结论（如图 3.2 所示）。

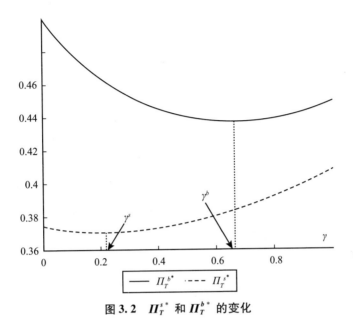

图 3.2 Π_T^{s*} 和 Π_T^{b*} 的变化

结论 3.1 （a）Π_T^{b*}（Π_T^{s*}）存在最低点 γ^b（γ^s）；

（b）中间商的加入导致了双重边际效应，即 $q_{1R}^{s*} + q_{2R}^{s*} < q_{1M}^{b*} + q_{2M}^{b*}$，$\Pi_T^{s*} < \Pi_T^{b*}$，并使得最优利润的最低点向左移动，即 $\gamma^s < \gamma^b$。

证明： 当市场不存在中间商且所有产品都是通过制造商直接销售给消费者时，市场逆需求函数为：$p_{2n} = l_{2n} = 1 - \gamma q_{1M} - q_{2M}$；$p_{1n} = l_{1n} + l_{2u} = 1 - q_{1M} + \gamma(1 - q_{1M} - q_{2M})$；制造商在两周期中的目标函数为

$$\max_{q_{2M}} \Pi_2^b(q_{2M}) = p_{2n} q_{2M} \text{ 和} \max_{q_{1M}} \Pi^b(q_{1M}) = p_{1n} q_{1M} + \Pi_2^{b*}(q_{2M}^{b*}, q_{1M})$$

应用逆向归纳法求得

$$q_{1M}^{b*} + q_{2M}^{b*} = \frac{3\gamma + 4}{6\gamma + 4}, \quad \Pi_T^{b*} = \frac{3\gamma^2 - 4\gamma - 8}{12\gamma^2 - 16\gamma - 16}$$

由命题 3.1 可以得到

$$q_{1R}^{s*} + q_{2R}^{s*} = \frac{15\gamma^2 - 36\gamma - 64}{16(3\gamma^2 - 8\gamma - 8)}, \quad \Pi_T^{s*} = \frac{15\gamma^2 - 112\gamma - 128}{64(3\gamma^2 - 8\gamma - 8)}$$

由于当 $0 < \gamma < 1$ 时，很容易发现当 $\gamma^s = \dfrac{2}{9}\left(\gamma^b = \dfrac{2}{3}\right)$ 时，$\Pi_T^{s*}\left(\Pi_T^{b*}\right)$ 有最小值 $\dfrac{2059}{8384}\left(\dfrac{5}{12}\right)$；

与此同时，通过对比，可以发现 $q_{1R}^{s*} + q_{2R}^{s*} < q_{1M}^{b*} + q_{2M}^{b*}$，$\Pi_T^{s*} < \Pi_T^{b*}$。证明完毕#

需要注意的是，产品耐用度对供应链成员的利润会产生两种完全不同的影响：一方面，产品耐用度的增加会导致新旧产品间的竞争加剧，进而导致销售者从第二周期的新产品处获得的单位价格下降；另一方面，产品耐用度的增加，可以提升消费对第二周期中的旧产品的估价（$\gamma\theta$），进而导致销售者从第一周期的产品处获得的单位价格 $\left[\, p_{1n} = 1 - q_{1R} + \gamma\left(1 - q_{1R} - q_{2R}\right)\,\right]$ 增加。

结论 3.1（a）表明，当产品耐用度低于某一阈值时（即 γ^b 和 γ^s），新旧产品间的竞争程度不大，相互侵蚀效应较低，因而销售者可以从第二周期的新产品处获得较高的收益；相反，当 $1 > \gamma > \gamma^b\left(\gamma^b\right)$ 时，随着产品耐用度的增加，消费对第二周期中的旧产品的估价（$\gamma\theta$）升高，进而导致销售者从第一周期的新产品处获得的利润增加。因而，如图 3.2 所示，利润 $\Pi_T^{b*}\left(\Pi_T^{s*}\right)$ 存在最低点 $\gamma^b\left(\gamma^s\right)$。

结论 3.1（b）表明，随着中间商的加入供应链利润的最小点将向左移，即 $\gamma^s < \gamma^b$。对此，可以解释如下：如图 3.3 所示，两个模型间的价格差异 $l_{1R}^{s*} - l_{1M}^{b*}$ 和 $l_{2R}^{s*} - l_{2M}^{b*}$ 随着耐用度的增加而增大。这意味着，与第二周期相比，产品销售者在第一周期中面临更加严重的双重边际效应问题，从而导致与 $q_{1M}^{b*}\left(q_{2M}^{b*}\right)$ 相比，产品销售者在第二（一）周期中从新产品处获取利润的区间更小（大），进而导致供应链利润的最小点左移，即 $\gamma^s < \gamma^b$。

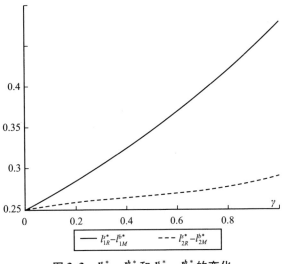

图 3.3 $l_{1R}^{s*} - l_{1M}^{b*}$ 和 $l_{2R}^{s*} - l_{2M}^{b*}$ 的变化

需要指出的是，阿亚等[23]的结论与上述命题中产品耐用度为 0 时的结论相一致，因而，将阿亚等[23]的单一传统渠道的研究模型扩展到了耐用品领域。

3.3.2 模型 D——双渠道模型

从方程（3.1）可以得到的逆需求函数为

$$p_{1n} = l_{1n} + l_{2u} = 1 - q_{1R} - q_{1M} + \gamma(1 - q_{1R} - q_{2R} - q_{1M} - q_{2M})$$
$$p_{2n} = l_{2n} = 1 - \gamma(q_{1R} + q_{1M}) - q_{2R} - q_{2M} \tag{3.6}$$

与单一传统渠道一样，采用逆向递归法，即先求博弈双方第二周期中的最优策略，然后再求他们在第一周期的最优策略。

1. 第二周期分析

在双渠道供应链中，制造商可以通过网络渠道向消费者直销产品，因而其有两次决策过程：首先，向中间商宣布最优批发价格；然后，依据中间商的最优销量，在直销渠道选择最优销量。因而，制造商的目标函数为

$$\max_{q_{2M},\, w_2} \Pi_2^d(q_{2M},\ q_{2R},\ w_2) = w_2 q_{2R} + p_{2n} q_{2M} - c q_{2M} \tag{3.7}$$

而中间商的目标函数为

$$\max_{q_{2R}} \pi_2^d(q_{2M},\ q_{2R},\ w_2) = p_{2n} q_{2R} - w_2 q_{2R} \tag{3.8}$$

2. 第一周期分析

在第一周期中，制造商将先后选取批发价格（w_1^{d*}）和最优销售数量（q_{1M}^{d*}）来最大化两周期利润，即

$$\max_{q_{1M},\, w_1} \Pi^d(w_1,\ q_{1R},\ q_{1M}) = w_1 q_{1R} + p_{1n} q_{1M} - c q_{1M}$$
$$+ \Pi_2^{d*}(w_1,\ q_{1R},\ q_{1M}) \tag{3.9}$$

而中间商则通过最优订购量（q_{1R}^{d*}）的选取使两周期利润最大化：

$$\max_{q_{1R}} \pi^d(w_1,\ q_{1R},\ q_{1M}) = p_{1n} q_{1R} - w_1 q_{1R}$$
$$+ \pi_2^{d*}(w_1,\ q_{1R},\ q_{1M}) \tag{3.10}$$

采用逆向递归法求解，可以得到以下命题。

命题 3.2 在双渠道供应链中，根据直销成本 c 和产品耐用度 γ 的不同，制造商和中间商在以下的最优策略间进行选择。

（1）当 $0 < \gamma < \gamma_4$，$0 < c < \sigma_1^d$ 或者 $\gamma_4 < \gamma < 1$，$0 < c < \sigma_2^d$ 时，

$$q_{2M}^{d*} = \frac{(9-3c)\gamma^4 + (18c-24)\gamma^3 - (18+2c)\gamma^2 + (36-44c)\gamma + 24 - 24c}{6(\gamma^2 - 2 - 2\gamma)(3\gamma^2 - 4 - 4\gamma)},$$

$$q_{2R}^{d*} = 0,$$

$$w_2^{d*} = \frac{N}{A},$$

$$q_{1M}^{d*} = \frac{2\left[3\gamma^5 c + (3-21c)\gamma^4 + (26c-12)\gamma^3 + 30\gamma^2 c + (24-28c)\gamma + 12 - 20c\right]}{3(3\gamma+2)(2-\gamma)(\gamma^2 - 2 - 2\gamma)^2},$$

$$q_{1R}^{d*} = \frac{c(3\gamma + 2)(2 - \gamma)}{3(\gamma^2 - 2 - 2\gamma)^2},$$

$$w_1^{d*} = \frac{(9 + 3c)\gamma^3 - 6\gamma^2 c + (4c - 24)\gamma - 12 + 4c}{18\gamma^2 - 24 - 24\gamma};$$

(2) 当 $0 < \gamma < \gamma_3$，$\sigma_1^d < c < \sigma_4^d$ 或者 $\gamma_3 < \gamma < \gamma_4$，$\sigma_1^d < c < \sigma_3^d$ 时，

$$q_{2M}^{d*} = \frac{(9 - 11c)\gamma^4 + (42c - 24)\gamma^3 + (6c - 18)\gamma^2 + (36 - 76c)\gamma + 24 - 40c}{6(\gamma^2 - 2 - 2\gamma)(3\gamma^2 - 4 - 4\gamma)},$$

$$q_{2R}^{d*} = \frac{2c}{3},$$

$$w_2^{d*} = \frac{(9 + c)\gamma^4 - (24 - 2c)\gamma^3 - (18 + 2c)\gamma^2 + (36 - 12c)\gamma + 24 - 8c}{6(\gamma^2 - 2 - 2\gamma)(3\gamma^2 - 4 - 4\gamma)},$$

$$q_{1M}^{d*} = \frac{2[2\gamma^5 c + (3 - 17c)\gamma^4 + (26c - 12)\gamma^3 + 22\gamma^2 c + (24 - 32c)\gamma + 12 - 20c]}{3(3\gamma + 2)(2 - \gamma)(\gamma^2 - 2 - 2\gamma)^2},$$

$$q_{1R}^{d*} = \frac{c(3\gamma + 2)(2 - \gamma)}{3(\gamma^2 - 2 - 2\gamma)^2},$$

$$w_1^{d*} = \frac{(9 + 3c)\gamma^3 - 6\gamma^2 c + (4c - 24)\gamma - 12 + 4c}{18\gamma^2 - 24 - 24\gamma};$$

(3) 当 $0 < \gamma < \gamma_3$，$\sigma_4^d < c < \sigma_5^d$ 或者 $\gamma_3 < \gamma < 1$，$\sigma_2^d < c < \sigma_5^d$ 时，

$$q_{2M}^{d*} = 0,$$

$$q_{2R}^{d*} = \frac{\begin{array}{c}(8 - 8c)\gamma^6 + (25c - 24)\gamma^5 + (2c - 6)\gamma^4 + (48 - 48c)\gamma^3 \\ + 8\gamma^2 + (34c - 30)\gamma + 36c - 12\end{array}}{2(2 + 2\gamma - \gamma^2)(\gamma^2 - \gamma - 1)(5\gamma^2 - 6\gamma - 6)},$$

$$w_2^{d*} = \frac{\left[\begin{array}{c}(8 - 18c)\gamma^6 + (67c - 24)\gamma^5 - (6 + 12c)\gamma^4 + (48 - 136c)\gamma^3 \\ + (8 + 16c)\gamma^2 + (106c - 30)\gamma + 36c - 12\end{array}\right]}{2(1 + 2\gamma - \gamma^2)(\gamma^2 - \gamma - 1)(5\gamma^2 - 6\gamma - 6)},$$

$$q_{1M}^{d*} = \frac{\left\{(\gamma + 1)\left[\begin{array}{c}(5 - 5c)\gamma^6 + (18c - 18)\gamma^5 + (4 - 3c)\gamma^4 + 10c \\ + (31 - 35c)\gamma^3 + (4c - 4)\gamma^2 + (28c - 20)\gamma - 6\end{array}\right]\right\}}{(2 + 2\gamma - \gamma^2)(\gamma^2 - 1 - \gamma)^2(5\gamma^2 - 6\gamma - 6)},$$

$$q_{1R}^{d*} = \frac{(2 - 2c)\gamma^5 + (2c - 3)\gamma^4 + (7c - 3)\gamma^3 - (3c - 3)\gamma^2 - (10c - 2)\gamma - 4c}{(\gamma^2 - 1 - \gamma)^2(5\gamma^2 - 6\gamma - 6)},$$

$$w_1^{d*} = \frac{\left[\begin{array}{c}(9-14c)\gamma^7 + (55c-31)\gamma^6 + (8-16c)\gamma^5 + (51-121c)\gamma^4 \\ + (28c-24)\gamma^3 + (106c-26)\gamma^2 + (28c+20)\gamma + 12-4c\end{array}\right]}{(\gamma^2-1-\gamma)^2(6\gamma+6-5\gamma^2)};$$

（4）当 $0<\gamma<\gamma_2$，$\sigma_5^d<c<\sigma_7^d$ 或者 $\gamma_2<\gamma<1$，$\sigma_5^d<c<\sigma_6^d$ 时，

$$q_{2M}^{d*} = 0,$$

$$q_{2R}^{d*} = (1-\gamma)(1-c),$$

$$w_2^{d*} = \frac{2c-(1-\gamma)(1-c)}{2},$$

$$q_{1M}^{d*} = 0,$$

$$q_{1R}^{d*} = 1-c,$$

$$w_1^{d*} = \frac{(3-3c)\gamma^4 + (8c-7)\gamma^3 - \gamma^2 + (5-9c)\gamma - 3c+1}{\gamma^2-2-2\gamma};$$

（5）当 $\gamma_2<\gamma<1$，$\sigma_6^d<c<\sigma_8^d$ 时，

$$q_{2M}^{d*} = 0,$$

$$q_{2R}^{d*} = \frac{\left[\begin{array}{c}95\gamma^6 - 1536 - (4c+696)\gamma^5 + (684+112c)\gamma^4 + (2640-144c)\gamma^3 \\ - (1120+512c)\gamma^2 - (256+3840)\gamma\end{array}\right]}{16(3\gamma^2-8-8\gamma)(\gamma^2-4-4\gamma)(5\gamma^2-12-12\gamma)},$$

$$w_2^{d*} = \frac{\left[\begin{array}{c}95\gamma^6 - 1536 - (4c+696)\gamma^5 + (684+112c)\gamma^4 + (2640-144c)\gamma^3 \\ - (1120+512c)\gamma^2 - (256+3840)\gamma\end{array}\right]}{8(3\gamma^2-8-8\gamma)(\gamma^2-4-4\gamma)(5\gamma^2-12-12\gamma)},$$

$$q_{1M}^{d*} = \frac{\left[\begin{array}{c}(106+968c)\gamma^5 - (202+116c)\gamma^6 + (1752-1752c)\gamma^4 - (2880c+360)\gamma^3 \\ + (4960c-5665)\gamma^2 + (7680c-5440)\gamma + 2560c - 1536 + 25\gamma^7\end{array}\right]}{2(8+8\gamma-3\gamma^2)(\gamma^2-4\gamma-4)^2(5\gamma^2-12\gamma-12)},$$

$$q_{1R}^{d*} = \frac{5\gamma^5 - (24+76)\gamma^4 + (400c-12)\gamma^3 + (48-112c)\gamma^2 + (32-1024)\gamma - 512c}{4(\gamma^2-4-4\gamma)^2(5\gamma^2-12-12\gamma)},$$

$$w_1^{d*} = \frac{\left[\begin{array}{c}805\gamma^7 - (4968+428c)\gamma^6 + (1924+2768c)\gamma^5 + (26096-3120c)\gamma^4 + 4096c \\ - (7680c+1952)\gamma^3 + (6400c-56576)\gamma^2 + (12288c-48640)\gamma - 12288\end{array}\right]}{32(5\gamma^2-12-12\gamma)(3\gamma^2-8-8\gamma)^2};$$

（6）当 $0<\gamma<\gamma_1$，$\sigma_7^d<c<\sigma_9^d$ 或者 $\gamma_1<\gamma<\gamma_2$，$\sigma_7^d<c<1$ 或者 $\gamma_2<\gamma<1$，$\sigma_8^d<c<1$ 时，

$$q_{2M}^{d*} = 0,$$

$$q_{2R}^{d*} = \frac{\gamma^2 - \gamma c - 1}{2\gamma^2 - 4 - 4\gamma},$$

$$w_2^{d*} = \frac{\gamma^2 - \gamma c - 1}{\gamma^2 - 2 - 2\gamma},$$

$$q_{1M}^{d*} = 0,$$

$$q_{1R}^{d*} = \frac{2c - \gamma - 2}{\gamma^2 - 2 - 2\gamma},$$

$$w_1^{d*} = \frac{\begin{array}{c}4\gamma^5 + (9c - 6)\gamma^4 - (60c + 9)\gamma^3 - (36 - 36c)\gamma^2 \\ + (192c - 68)\gamma - 32 + 96c\end{array}}{4(\gamma^2 - 2 - 2\gamma)(3\gamma^2 - 8 - 8\gamma)};$$

（7）当 $0 < \gamma < \gamma_1$，$\sigma_9^d < c < 1$ 时，

$$q_{2M}^{d*} = 0,$$

$$q_{2R}^{d*} = \frac{\gamma^2 - \gamma c - 1}{2\gamma^2 - 4 - 4\gamma},$$

$$w_2^{d*} = \frac{\gamma^2 - \gamma c - 1}{\gamma^2 - 2 - 2\gamma},$$

$$q_{1M}^{d*} = 0,$$

$$q_{1R}^{d*} = \frac{2c - \gamma - 2}{\gamma^2 - 2 - 2\gamma},$$

$$w_1^{d*} = \frac{\begin{array}{c}4\gamma^5 + (9c - 6)\gamma^4 - (60c + 9)\gamma^3 - (36 - 36c)\gamma^2 \\ + (192c - 68)\gamma - 32 + 96c\end{array}}{4(\gamma^2 - 2 - 2\gamma)(3\gamma^2 - 8 - 8\gamma)};$$

证明：见附录 A。

从命题 3.2 可以得到以下结论（如图 3.4 所示）。

结论 3.2 当 $0 < \gamma < \gamma_2$，$\sigma_5 < c < 1$ 或者 $\gamma_2 < \gamma$，$\sigma_5 < c < \sigma_6$ 或者 $\sigma_8 < c < 1$ 时，制造商的最优策略将是开通一个不激活的直销渠道，即其开通直销渠道但不销售产品时的利润所得大于其产品直销所带来的利润。

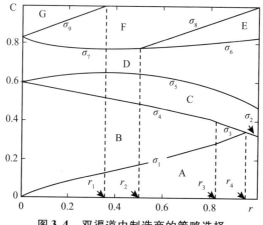

图 3.4 双渠道中制造商的策略选择

证明： 由结论3.2证明可知，当 $0 < \gamma < \gamma_2$，$\sigma_5 < c < \sigma_7$ 或者 $\gamma_2 < \gamma < 1$，$\sigma_5 < c < \sigma_6$ 时，有 F2ED1C1B3A、F1E2D1C1B3A、F2ED1C1B1A1、F1E3DC1B2A 和 F1E2D1C1B2A 等策略（其中 F2ED1C1B3A 等策略的具体含义见附录 A 命题3.2的证明）满足本章模型所设定的要求，因而必须通过比较制造商利润的大小来确立上述策略中的最优策略。这通常有两种方法：①采用数学方法来分析和比较上述策略中制造商的利润大小；②根据参数的范围，设定软件来模拟和比较制造商的利润大小。显然，第二种证明方式更加直观明了，因而类似陈等[51]和姜（Jiang）等[107]，采用 Matlab 7.0.1 来模拟和比较制造商在上述策略中的利润大小。具体程序设定如下（以 $\Pi_{\text{F1E2D1C1B2A}} - \Pi_{\text{F2ED1C1B1A1}}$ 为例）：

A = zeros(100,100); （分别从横纵两轴的［0，1］区间中各取100个点，即在所属平面内取10000个点来模拟制造商的利润）

$c = 0.01：0.01：1$;

$\gamma = 0.01：0.01：1$;

for $i = 1：100$;

    for $j = 1：100$

        if $c(i) > \sigma_5$ & $c(i) < \max(\sigma_6, \sigma_7)$;

$$A(i, j) = \Pi_{\text{F1E2D1C1B2A}} - \Pi_{\text{F2ED1C1B1A1}} ;$$

　　　end;

　　end;

end;

$surf(\gamma, c, A) ;$

　　在 Matlab 中运行以上程序，可以得到图 3.5。

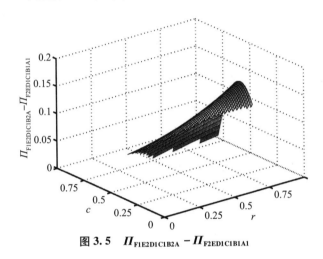

图 3.5　$\Pi_{\text{F1E2D1C1B2A}} - \Pi_{\text{F2ED1C1B1A1}}$

　　采用类似方法比较分析 $\Pi_{\text{F1E2D1C1B2A}} - \Pi_{\text{F1E2D1C1B3A}}$（如图 3.6 所示）、$\Pi_{\text{F1E2D1C1B2A}} -$ $\Pi_{\text{F2ED1C1B1A1}}$（如图 3.7 所示）、$\Pi_{\text{F1E2D1C1B2A}} - \Pi_{\text{F1E3DC1B2A}}$（如图 3.8 所示）。

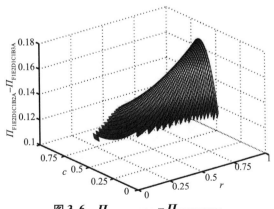

图 3.6　$\Pi_{\text{F1E2D1C1B2A}} - \Pi_{\text{F1E2D1C1B3A}}$

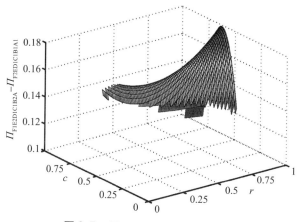

图 3.7 $\Pi_{F1E2D1C1B2A} - \Pi_{F2ED1C1B1A1}$

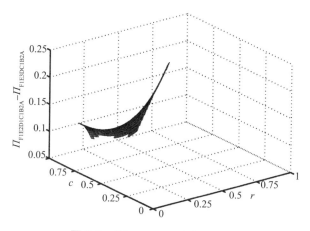

图 3.8 $\Pi_{F1E2D1C1B2A} - \Pi_{F1E3DC1B2A}$

显然,从图 3.5~图 3.8,很容易发现,与 F2ED1C1B1A1,F1E2D1C1B3A,F2ED1C1B1A1,F1E3DC1B2A 相比,在策略 F1E2D1C1B2A 中制造商的利润最大,因而它是制造商的最优策略。

在区域 $0 < \gamma < \gamma_1$,$\sigma_7 < c < \sigma_9$、$\gamma_1 < \gamma < \gamma_2$,$\sigma_7 < c < 1$、$\gamma_2 < \gamma < 1$,$\sigma_8 < c < 1$ 和 $0 < \gamma < \gamma_1$,$\sigma_9 < c < 1$ 中再次应用 Matlab 7.0.1 比对制造商利润,可以获得结论 3.2。

证明完毕#

结论 3.2 有助于我们理解双渠道实践中的一个有趣现象：许多著名的公司包括 3M、NEC 和 Whirlpool 等都开通了网上渠道，但都不利用该渠道来销售产品，而是作为一个传输信息的媒介。对此，根据结论 3.2 解释如下：此时的制造商是想利用网络渠道来对传统渠道中的中间商施加压力和管控，而不是用该渠道来侵蚀中间商市场，原因是此时采取这种管控措施比直销获得的收益更大。吉尔伯特（Gilbert）和巴赫尔多（Bacheldor）[108]、金（King）[109] 和韦布（Webb）[16] 等认为制造商之所以开通网络渠道而不直销的原因是他们不想触怒中间商。但笔者却认为该解释并不充分，原因有：①在上述制造商中，没有一个制造商曾经公开宣称或对其中间商承诺过放弃网络直销这一销售模式。②如果在直销是有利可图的条件下，制造商选择不直销的原因仅仅是怕触怒中间商，那么制造商大可利用网络渠道来销售产品的同时，采取某些策略来协调其与中间商的关系，从而促使"双赢局面"的出现。研究发现在实践中有许多制造商也确实采取了我们所说的策略。例如，当消费者从 Grainger.com 处进行购物时，Grainger 将对消费者所在区域的代理商进行分红和奖励。而 Bobbi Brown 公司则是将其网上业务全部外包给 Neiman Marcus。

3.3.3 对比分析

现在来探究本章开头提出的，直销渠道的开通对供应链成员的利润影响如何？首先，基于制造商的角度回答如下。

结论 3.3 当且仅当 $\gamma < \gamma_1$，$\sigma_9 < c < 1$ 时，制造商在双渠道下的利润等于其在单一传统零售渠道下的利润；否则制造商在双渠道模型中的利润高于其在单一传统零售渠道下的利润。即便在开通直销渠道但不销售产品时亦是如此。

证明：通过对比命题 3.2 和命题 3.1 的制造商利润，可以获得结论

3.3。类似于结论3.2的证明过程，采用 Matlab 7.0.1 在区域 $0 < \gamma < \gamma_4$，$0 < c < \sigma_1$、$\gamma_4 < \gamma < 1$，$0 < c < \sigma_2$、$0 < \gamma < \gamma_3$，$\sigma_1 < c < \sigma_4$、$\gamma_3 < \gamma < \gamma_4$，$\sigma_1 < c < \sigma_3$，$0 < \gamma < \gamma_3$，$\sigma_4 < c < \sigma_5$、$\gamma_3 < \gamma < 1$，$\sigma_2 < c < \sigma_5$，$0 < \gamma < \gamma_2$，$\sigma_5 < c < \sigma_7$、$\gamma_2 < \gamma < 1$，$\sigma_5 < c < \sigma_6$，$\gamma_2 < \gamma < 1$，$\sigma_6 < c < \sigma_8$，$0 < \gamma < \gamma_1$，$\sigma_7 < c < \sigma_9$、$\gamma_1 < \gamma < \gamma_2$，$\sigma_7 < c < 1$、$\gamma_2 < \gamma < 1$，$\sigma_8 < c < 1$ 和 $0 < \gamma < \gamma_1$，$\sigma_9 < c < 1$ 中模拟 $\Pi^{d^*} - \Pi^{s^*}$ 可得图3.9。

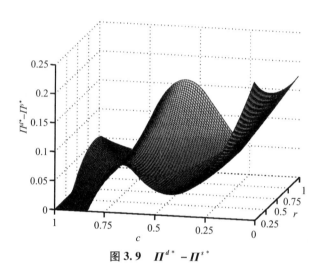

图3.9 $\quad \Pi^{d^*} - \Pi^{s^*}$

根据图3.9得出当 $0 < \gamma < \gamma_1$，$\sigma_9 < c < 1$ 时，$\Pi^{d^*} - \Pi^{s^*} = 0$；否则，$\Pi^{d^*} - \Pi^{s^*} > 0$，即结论3.3得证。

证明完毕#

结论3.3发现直销成本和产品耐用度均对制造商的双渠道决策有重要影响，特别是，当直销成本较大（$\sigma_9 < c < 1$）而产品耐用程度较低（$\gamma < \gamma_1$）时，制造商在双渠道下的利润等于其在单一传统零售渠道下的利润。对此，可以从以下角度来理解和分析：首先，从销售成本角度来讲，当直销成本较大（$\sigma_9 < c < 1$）时，与中间商相比，制造商的销售劣势过于明显，此时中间商将忽略制造商的直销威胁而采用单一传统渠道时的最优销售策

略。其次，从产品耐用度角度来讲，当产品耐用程度较低（$\gamma < \gamma_1$）时，该耐用品即使在单位利润丰厚的第一周期中的销售价格 $\left[p_{1n} = 1 - q_{1R} + \gamma(1 - q_{1R} - q_{2R}) \right]$ 也过低，从而对制造商而言直销将无利可图。在预测到如此情况后，中间商也将忽略制造商的直销威胁而采用单一传统渠道时的最优销售策略。因而，当直销成本较大（$\sigma_9 < c < 1$）而产品耐用程度较低（$\gamma < \gamma_1$）时，中间商会忽略制造商的直销威胁而采用单一传统渠道时的最优销售策略，从而导致制造商在双渠道下的利润等于其在单一传统零售渠道下的利润。

那么直销渠道的开通对中间商的利润有什么影响？基于命题 3.1 和命题 3.2，我们回答如下（如图 3.10 所示）。

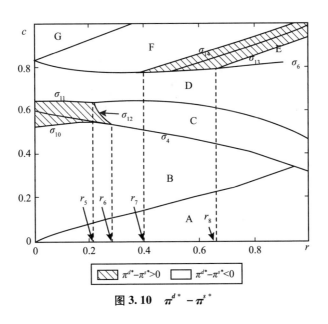

图 3.10 $\pi^{d*} - \pi^{s*}$

结论 3.4 当 $0 < \gamma < \gamma_5$，$\sigma_{10} < c < \sigma_{11}$、$\gamma_5 < \gamma < \gamma_6$，$\sigma_4 < c < \sigma_{12}$、$\gamma_7 < \gamma < \gamma_8$，$\sigma_6 < c < \sigma_{14}$ 或者 $\gamma_8 < \gamma < 1$，$\sigma_{13} < c < \sigma_{14}$ 时，网络直销渠道的开通亦对中间商有利；否则，中间商在双渠道中的利润总是低于其在单一传统

渠道下的利润；特别是，当 $\gamma_6 < \gamma < \gamma_7$ 时，在任何的直销成本下，直销渠道的开通总是对中间商不利。

证明：通过对比命题 3.2 和命题 3.1 中的中间商的利润，可以得到结论 3.4。类似结论 3.2 和 3.3，采用 Matlab 7.0.1 在区域 $0 < \gamma < \gamma_4$，$0 < c < \sigma_1$、$\gamma_4 < \gamma < 1$，$0 < c < \sigma_2$、$0 < \gamma < \gamma_3$，$\sigma_1 < c < \sigma_4$、$\gamma_3 < \gamma < \gamma_4$，$\sigma_1 < c < \sigma_3$、$0 < \gamma < \gamma_3$，$\sigma_4 < c < \sigma_5$、$\gamma_3 < \gamma < 1$，$\sigma_2 < c < \sigma_5$、$0 < \gamma < \gamma_2$，$\sigma_5 < c < \sigma_7$、$\gamma_2 < \gamma < 1$，$\sigma_5 < c < \sigma_6$、$\gamma_2 < \gamma < 1$，$\sigma_6 < c < \sigma_8$、$0 < \gamma < \gamma_1$，$\sigma_7 < c < \sigma_9$、$\gamma_1 < \gamma < \gamma_2$，$\sigma_7 < c < 1$、$\gamma_2 < \gamma < 1$，$\sigma_8 < c < 1$ 和 $0 < \gamma < \gamma_1$，$\sigma_9 < c < 1$ 中模拟 $\pi^{d*} - \pi^{s*}$ 可以得到图 3.11。

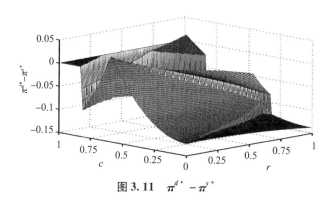

图 3.11 $\quad \pi^{d*} - \pi^{s*}$

由图 3.11 可以发现，有 $\pi^{d*} - \pi^{s*} > 0$ 和 $\pi^{d*} - \pi^{s*} < 0$；那么通过求解 $\pi^{d*} - \pi^{s*} = 0$ 可以得到：

当 $0 < \gamma < \gamma_1$，$\sigma_9 < c < 1$ 时，$\pi^{d*} - \pi^{s*} = 0$。

当 $0 < \gamma < \gamma_5$，$\sigma_{10} < c < \sigma_{11}$、$\gamma_5 < \gamma < \gamma_6$，$\sigma_4 < c < \sigma_{12}$、$\gamma_7 < \gamma < \gamma_8$，$\sigma_6 < c < \sigma_{14}$ 和 $\gamma_8 < \gamma < 1$，$\sigma_{13} < c < \sigma_{14}$ 时，$\pi^{d*} - \pi^{s*} > 0$，其他区域中 $\pi^{d*} - \pi^{s*} < 0$。

求解 $\pi^{d*} - \pi^{s*} = 0$ 可以得到 γ_5、γ_6、γ_7、γ_8 和 σ_{10}、σ_{11}、σ_{12}、σ_{13}、σ_{14} 分别为

$$\gamma_5 = 0.216, \quad \gamma_6 = 0.283, \quad \gamma_7 = 0.385, \quad \gamma_8 = 0.671$$

$$\sigma_{10} = \frac{48\left(2 + 2\gamma - \gamma^2\right)\left[\begin{array}{l}\left(\gamma^4 - 4\gamma^3 - 3\gamma^2 + 12\gamma + 8\right)\left(3840\gamma + \\ 2048 + 848\gamma^2 - 864\gamma^3 + 99\gamma^4\right)\end{array}\right]^{1/2}}{2\left(3\gamma^2 - 8 - 8\gamma\right)\left(512\gamma^4 - 2048\gamma^3 - 1536\gamma^2 + 6144\gamma + 4096\right)^{1/2}}$$

$$\sigma_{11} = \frac{\left\{8\left(\gamma^2 - \gamma - 1\right)\left[\begin{array}{l}16\left(3\gamma^2 - 8\gamma - 8\right)\left(2\gamma^2 - \gamma - 2\right)\left(44\gamma^8 - 181\gamma^7 + 78\gamma^6\right. \\ \left. + 426\gamma^5 - 248\gamma^4 - 476\gamma^3 + 116^2 + 268\gamma + 72\right) - \Delta_{f1}^{1/2}\end{array}\right]\right\}}{\left(3\gamma^2 - 8 - 8\gamma\right)\Delta_{f2}}$$

$$\Delta_{f1} = 548608\gamma^6 + 141312\gamma + 11264\gamma^{12} - 472064\gamma^4 - 337920\gamma^8 - 64000\gamma^{11}$$
$$- 178176\gamma^7 + 77440\gamma^{10} + 161024\gamma^9 + 172032\gamma^5 + 26624 + 182784\gamma^2$$
$$- 198656\gamma^3$$

$$\Delta_{f2} = 2\left(\gamma^2 - 2 - 2\gamma\right)^2\left(5\gamma^2 - 6\gamma - 6\right)^2\left(1704192\gamma^2\right.$$
$$+ 4241152\gamma^3 - 98304 - 86016\gamma - 299856\gamma^4 - 7722384\gamma^5 + 370108\gamma^6$$
$$+ 10345680\gamma^7 - 1746648\gamma^8 - 9119872\gamma^9 + 2614392\gamma^{10} + 4262864\gamma^{11}$$
$$\left. - 1978656\gamma^{12} - 645538\gamma^{13} + 580343\gamma^{14} - 125532\gamma^{15} + 8712\gamma^{16}\right)$$

$$\sigma_{12} = \frac{8\left(3\gamma^2 - 8 - 8\gamma\right)\left[16\left(3\gamma^2 - 8 - 8\gamma\right)\left(3\gamma^4 - 4\gamma^3 - 5\gamma^2 + 4\gamma + 4\right) + \Delta_g^{1/2}\right]}{384\gamma^4 + 512 + 512\gamma - 512\gamma^3 - 640\gamma^2}$$

$$\Delta_g = 32768 + 126976\gamma = 11872\gamma^2 - 122880\gamma^3 - 192912\gamma^4 + 40224\gamma^5$$
$$+ 106428\gamma^6 - 15620\gamma^7 - 21774\gamma^8 + 7164\gamma^9 - 594\gamma^{10}$$

$$\sigma_{13} = \frac{\left\{\left(4 + 4\gamma - \gamma^2\right)\left[\begin{array}{l}\gamma\left(5\gamma^2 - 4\gamma - 8\right)\left(153\gamma^6 - 1612\gamma^5 + 3508\gamma^4\right. \\ \left. + 5120\gamma^3 - 10240\gamma^2 - 15360\gamma - 5120\right) + \Delta_{h1}^{1/2}\end{array}\right]\right\}}{2\Delta_{h2}}$$

$$\Delta_{h1} = \left(5\gamma^2 - 12 - 12\gamma\right)^2\left(536870912 + 4160749568\gamma + 12717129728\gamma^2\right.$$
$$+ 18063818752\gamma^3 + 8140685312\gamma^4 - 7871135744\gamma^5 - 8743366656\gamma^6$$
$$+ 944107520\gamma^7 + 3164602624\gamma^8 - 128615936\gamma^9 - 624315632\gamma^{10}$$
$$\left. + 89475232\gamma^{11} + 49941576\gamma^{12} - 15577560\gamma^{13} + 1259793\gamma^{14}\right)$$

$$\Delta_{h2} = 5182464\gamma^4 - 1048576 - 8495104\gamma^2 - 2523136\gamma^3 - 5242880\gamma + 8586\gamma^{10}$$
$$- 111664\gamma^9 - 1983584\gamma^6 - 355520\gamma^7 + 469872\gamma^8 + 2358272\gamma^5$$

$$\sigma_{14} = \frac{\left(3\gamma^2 - 8 - 8\gamma\right)\left(\begin{array}{l}64\gamma^5 + 19968\gamma + 8192 - 1152\gamma^4 \\ - 2048\gamma^3 + 11264\gamma^2 + 16\Delta_i^{1/2}\end{array}\right)}{128\left(\gamma^2 - 8 - 8\gamma\right)}$$

$$\Delta_i = 2768 + 155648\gamma + 253440\gamma^2 + 124416\gamma^3 - 67296\gamma^4$$
$$- 66528\gamma^5 + 3828\gamma^6 + 10440\gamma^7 + 360\gamma^8 - 956\gamma^9 + 109\gamma^{10}$$

证明完毕#

上述结论，特别是当 $\gamma_6 < \gamma < \gamma_7$ 时，在任何的直销成本下，直销渠道的开通总是对中间商不利，明显与阿亚等[23]的结论不同，他们发现："当直销成本低于某一阈值时，制造商的直销将对中间商有利"。对此我们解释如下：与命题 3.1 相同，双渠道下整个供应链的总利润仍然是产品耐用度的凹函数，如图 3.12 所示。由图 3.12 可知，当 $\gamma_6 < \gamma < \gamma_7$ 时，整个供应链的利润过小，此时，作为斯塔克尔伯格博弈领导者的制造商不愿意同中间商分享利润。

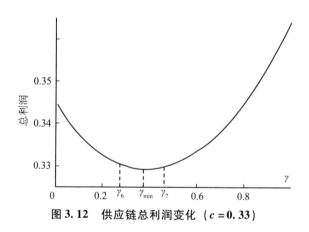

图 3.12　供应链总利润变化 $(c = 0.33)$

3.4　本章小结

产品耐用度问题是耐用品领域的研究热点之一，但是现有文献主要关注的是传统渠道下制造商的产品耐用度及其选择问题，而忽略了双渠道这一全新的营销模式。本章构建了一个包含制造商和中间商的多周期的双渠道供应链模型。分析的结果显示，直销成本与产品耐用程度均对供应链成员的策略选择和最优利润等有重要影响。主要结论和管理启示归纳如下。

（1）是否采用网络渠道来销售产品是耐用品制造商首先要考虑的战略问题，也是本章重点探讨的问题之一。研究发现，在一定条件下，制造商的最优策略是开通一个不被激活的直销渠道，即制造商开通直销渠道但不通过该渠道销售产品时所带来的利润大于其通过该渠道直销产品所带来的利润（详见结论3.2）。该发现为我们理解耐用品双渠道实践中的一些有趣现象提供了新的视角：尽管有些企业开通了网络渠道，但他们不通过该网络渠道销售产品，而是将它用于传播产品信息或为消费者提供最近中间商等查询。例如包括3M、NEC和Whirlpool等耐用品生产厂商都开通了网上渠道，但他们并没有通过该网络渠道进行产品销售，而是把它作为一个传输信息的渠道和媒介。

（2）网络渠道的开通是否对自身有利应该是耐用品制造商是否采用双渠道营销的重要条件之一。虽然目前有部分文献探讨了该问题，但他们均没有考虑产品耐用度问题。例如，阿亚等[23]在单周期非耐用品情况下，发现网络直销总是对制造商有利（其他相关文献详见第2章）。然而，当把上述模型扩展到耐用品领域时，研究表明，在一定条件下，制造商在双渠道下的利润不会大于其在单一传统零售渠道下的利润（详见结论3.4）。因而，对耐用品制造商而言，是否开通直销渠道不仅应该考虑直销成本而且应当顾及产品耐用度这一重要因素。

（3）网络渠道的开通对中间商影响如何，既是中间商关心的问题，也是制造商迫切想知道的问题。对此，阿亚等[23]研究表明，当网络直销成本在某一范围时，制造商的直销对中间商有利。然而，当把上述模型扩展到耐用品领域时，研究表明，中间商的利润大小及其能否从制造商的直销中受益不仅取决于直销成本而且与产品耐用度有很大关系。特别是，当产品的耐用度适中时，在任何的直销成本下，直销渠道的开通总是对中间商不利（详见结论3.4）。因而，对耐用品制造商而言，其是否开通直销渠道不仅应该考虑直销成本和产品耐用度等因素，而且同非耐用品制造商相比，耐用品制造商应当更加谨慎。

（4）究竟产品耐用度对供应链的利润影响如何是耐用品制造商最关心的一个技术问题。通过结论 3.1 和结论 3.4 发现，无论在单一传统渠道还是在双渠道供应链中，上述利润与产品耐用度均呈 U 型关系。

本章基于传统耐用品中间商仅采用销售这一营销策略等假设，研究了双渠道供应链中的产品营销问题，而没有考虑耐用品中间商的产品租赁策略。

第4章 最优质量选择问题

基于第3章对产品耐用度的影响机制分析，本章将其拓展成制造商能决策自身产品的质量水平的情形。本章分别构建了：①制造商将高低质量产品通过一个零售商来垄断销售的单一渠道模式；②制造商将高低质量产品通过两个零售商，即一个实体店零售商和一个网络零售商，来分开销售的双渠道模式。即延续斯塔克尔伯格动态博弈下的两层供应链模型，研究异质产品制造商与零售商双渠道模式对产品最优质量选择的影响机制。进而，通过对比分析由一个零售商组成的供应链和由两个零售商组成的供应链的最优解，探讨这两种不同的渠道选择对供应链成员利润以及异质产品差异化程度的影响。

4.1 引　　言

在过去的几十年中，随着生活水平的提升，消费者的需求越来越趋于多样[39]。为了迎合消费者异质的需求，制造商往往向不同的消费者提供质量差异化的产品[110]。例如，联想集团向实体店提供不同屏幕尺寸、不同内存和不同性能的 CPU 的笔记本电脑，同样，长虹、创维、TCL 等电器厂商也采取了质量差异化策略。

毫无疑问，质量差异化策略会为制造商的运作管理造成许多困扰。例如，2010 年，苹果公司试图将 Macintosh 产品线向 iPad 延伸。面对这一延伸策略，公司高层出现了严重分歧，部分高管认为，该延伸策略必然会侵蚀原有 Macintosh 市场份额，为公司带来"灾难性后果"[105]。需要指出的是，从实践层面来看，除了运作管理层面，产品差异化策略对公司的营销渠道也会提出相应的挑战。例如，为了降低产品的相互侵蚀，许多制造商采用了高低质量分开销售的营销策略。比如，宝洁（P&G）就将"Olay"这一大众品牌通过超市等终端来营销，而其旗下的"SK-II"则投向专柜和高端购物中心。从直观上来看，这一双渠道营销策略可以较好地区分消费者，而大大降低产品间的相互侵蚀。但是由于分开销售，下游零售商将以各自利润最大化为目标，这必然会造成更加严重的渠道冲突[111]。于是，为了降低下游零售商之间的竞争，许多制造商采用了单一渠道模式，即高低质量产品均通过同一零售商来销售。例如，强生（Johnson & Johnson）就将其旗下的可伶可俐（Clean & Clear）和露得清（Neutrogena）等产品通过单一渠道来销售。在其他行业也能大量看到上述两种不同营销策略。比如，Buckle、Conn's、Tiffany 等较多地采用单一渠道模式，而 Sterling Jewelers、Matai Inc. 和 Gap Inc. 则往往采用双渠道营销模式。

上述讨论自然引出一个重要议题，即不同的渠道模式下，制造商的产品策略有什么变化呢？基于这一重要议题，本章将为此构建两个对应模型：①制造商将高低质量产品通过一个零售商来垄断销售的单一渠道模式；②制造商将高低质量产品通过两个零售商，即一个实体店零售商和一个网络零售商，来分开销售的双渠道模式。通过两个模型的对比分析，将具体讨论以下问题：①不同的渠道模式下，制造商的最优产品质量及其分配问题有什么变化？②哪模式对制造商/零售商/供应链有利？

本章的创新具体体现在以下两个方面：尽管有大量的学者，例如蒋等[107]和晏（Yan）等[112]，从运作层面关注了制造商最优质量选择议题，但他们均没有考虑下游零售商间的竞争议题；与之相反，尽管有大量的文献，例如，阿亚等[23]关注了多渠道营销问题，但他们均未涉及制造商的质量选择议题。

本章的内容组织结构如下：4.2 节是模型假设；4.3 节是模型分析（其中包括，4.3.1 节研究了一个零售商策略下的最优解问题；4.3.2 节研究了两个零售商策略下的最优解问题；4.3.3 节对比研究了两种渠道结构下的最优解）；4.4 节是本章小结。

4.2 模 型 假 设

与第 3 章一致，本章依然是由风险中性和完全理性的一个制造商与一个零售商/两个零售商以及消费者构成，如图 4.1 所示。先由制造商决定高低质量产品的质量水平（u_h 和 u_l）和各自的批发价格（w_h 和 w_l）；零售商根据制造商的批发价格，选择自己的最优批发数量进行销售（q_h 和 q_l）。值得注意的是，本章供应链系统不再是单一的纯传统或者制造商直销这一渠道模式，而是一个由零售商层面发起的双渠道模式。

本章关于制造商、零售商和消费者的假设大体上与第 3 章一致，各参数含义见表 4.1，但有以下假设的补充和调整。

假设 4.1 假设制造商生产一单位质量水平为 u 的成本为 ku^2，其中 k（$k > 0$）是对生产成本的刻画。

假设 4.2 一个零售商策略中的零售商同时拥有实体和网络两种渠道模式，而两个零售商模型中零售商 1 销售高质量产品，采用实体销售方式；零售商 2，即网络零售商采用网络销售方式销售低质量产品。

该假设的提出是基于现实生活的观察，一是由两种渠道下消费者人群的特征不同决定的。线上渠道面对的多是一群有时间、会网络，而且对价格敏感度较高的人，这些特点决定了网购生态中低质量产品的合理存在；二是与近年来企业的一些做法有关。价格是线上渠道最具有竞争力的优势所在，企业为了迎合更多价格敏感的消费者实行低价策略的同时，还要避免线上和线下两个渠道的利益互搏，因此不少企业推出"电商专供款"，在产品新旧款、材质、售后服务、功能等方面与实体店产品有所差异，实行差别供货。天津消费者协会在 2016 年做过几次比较试验，反映出纺织品领域的网购质量差于实体店质量的事实。

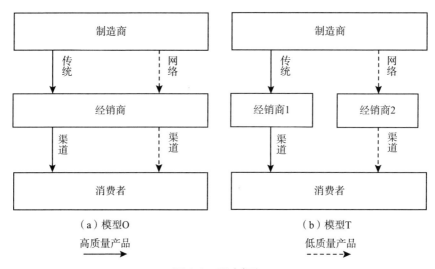

（a）模型O
高质量产品 →

（b）模型T
低质量产品 ⇢

图 4.1　研究框架

假设 4.3　同第 3 章类似，假设消费者能够准确感知到产品质量，并且购买质量为 u 和价格为 p 的产品消费者剩余为 $U(u, p, \theta) = \theta u - p$，其中 θ 代表消费者对质量的一种敏感度，θ 越大，消费者的接受程度更高。

基于假设 4.2，可以得到消费者购买低质量产品 L 所获得的效用为 $U_l = \theta u_l - p_l$，而用 $U_h = \theta u_h - p_h$ 表示消费者购买高质量产品 H 所获得的效用。由上述消费者购买高质量产品和低质量产品的效用函数中得到反需求函数。

$$p_h = u_h - u_h q_h - u_l q_l$$
$$p_l = u_l(1 - q_h - q_l) \tag{4.1}$$

假设 4.4　双渠道下消费者对不同渠道间的购物体验、搜寻成本、价格差异、服务水平的感知相同。

该假设反映了当前两种渠道模式的现实状况：①网络渠道的技术标准和水平不断提升，在一定程度上弥补了电商在购物体验上的短板，如 VR、AR 等技术的发展提升了产品信息的体验性。②传统渠道和网络渠道的搜寻成本不断逼近。一方面微信、微博等社交媒体的广泛传播帮助消费者在传统渠道上减少了购物的盲目性；另一方面网络水军、职业刷好评等也在一定程度上提高了网络渠道的搜寻成本。③线上和线下的价格差异在不断缩小。安永咨询公司（Ernst & Young）在其报告中显示有 2/3 的双渠道企业采取了一致定价[49]，越来越多的制造商为了规避渠道冲突采取双渠道同价的策略[113]。④二者在便利性问题上相当。在线购物能够便捷交易过程，但存在物流配送、货物延迟等问题；实体购物即买即用，但存在交通、携带等问题[110]。加上随着消费者的市场地位的提升，真正能够打动消费者的决定性因素还是在于产品本身[114]。基于以上考虑，假设消费者不因对渠道的偏好而影响基于产品质量的认知，因此本章继续延续第 3 章的对产品耐用度的感知，采用相同的方法建立消费者效用函数。

表 4.1   **双渠道模式参数含义**

符号	名称	参数含义
U_l	低质量产品消费者效用	消费者购买低质量产品的感知效用
U_h	高质量产品消费者效用	消费者购买高质量产品的感知效用
p_l	低质量产品的零售价格	零售商对产品 L 的定价
p_h	高质量产品的销售价格	零售商对产品 H 的定价
u_l	低质量产品的质量水平	制造商对产品 L 的质量选择
u_h	高质量产品的质量水平	制造商对产品 H 的质量选择
q_l	低质量产品的批发数量	零售商分销的低质量产品 L 数量
q_h	高质量产品的批发数量	零售商分销的高质量产品 H 数量
c	销售成本	销售高质量产品 H 的实体零售销售成本
Π_M	制造商利润	制造商所获得的利润
Π_R	零售商利润	零售商同时分销高低质量产品的盈利

符号	名称	参数含义
Π_{R1}	零售商 1 的利润	零售商 1 分销高质量产品的获利
Π_{R2}	零售商 2 的利润	零售商 2 分销低质量产品的获利
Π_C	供应链系统利润	制造商和零售商所获利润的总和

4.3 模型分析

延续前面章节的分析过程，本节探讨销售差异化产品的双渠道供应链模型。在模型 O 中假设供应链中存在有一个制造商和一个双零售商（单一渠道模式），在模型 T 中假设供应链中存在有一个制造商和一个实体零售商及一个网络零售商（双渠道模式）。制造商生产两种具有一定质量差异又有一定程度的可替代性的产品，再以不同的批发价格将两种产品批发给零售商。零售商结合产品市场需求与产品批发价制定出不同的数量决策向消费者出售。在集中决策分析后，本章将分散决策下的一个零售商策略和两个零售商策略分别进行比较。

4.3.1 模型 O——单一传统渠道模型

在此模型中，制造商选择了一个具有线上线下双渠道的零售商对产品进行分销。零售商在拿到制造商批发价格的信息下，确定自己的最优批发数量，来实现自我的利润最大化：

$$\max \pi_R^o = p_h^o q_h^o + p_l^o q_l^o - w_h^o q_h^o - w_l^o q_l^o - c q_h^o \tag{4.2}$$

考虑到零售商对批发价格所作出的反应，制造商再来选择制定质量水平和批发价格：

$$\max \pi_M^o = w_h^o q_h^o + w_l^o q_l^o - k u_h^{o2} q_h^o - k u_l^{o2} q_l^o \tag{4.3}$$

本书运用逆向归纳法来确定各种模型的均衡状态。确切地说，先从零售商利润函数中确定零售商的最优数量，然后代入制造商利润函数中，求得最优批发价格和质量水平。最后可以得到以下命题。

命题 4.1 在一个零售商策略中，有以下结论：

$$q_h^{o*} = \frac{\sqrt{1-20ck} - 60ck + 1}{10\sqrt{1-20ck} + 10}$$

$$w_h^{o*} = \frac{16 - 35ck - 9\sqrt{1-20ck}}{25k}$$

$$u_h^{o*} = \frac{28 - 15\sqrt{\frac{16}{25} - \frac{64ck}{5}}}{40k}$$

$$q_l^{o*} = \frac{160ck + \sqrt{1-20ck} - 80ck\sqrt{1-20ck} + 1}{400ck + 10\sqrt{1-20ck} + 10}$$

$$w_l^{o*} = \frac{14 - 40ck - 11\sqrt{1-20ck}}{25k}$$

$$u_l^{o*} = \frac{6 - 5\sqrt{\frac{16}{25} - \frac{64ck}{5}}}{10k}$$

$$\pi_R^{o*} = \frac{5c(22ck + \sqrt{1-20ck} - 88c^2k^2 - 12ck\sqrt{1-20ck} + 16c^2k^2\sqrt{1-20ck} - 1)}{(\sqrt{1-20ck} - 1)^3 (3 - 2\sqrt{1-20ck})}$$

$$\pi_M^{o*} = \frac{20ck + (1-20ck)^{\frac{3}{2}} + 1}{100k}$$

$$\pi_S^{oc*} = \frac{15c(22ck + \sqrt{1-20ck} - 88c^2k^2 - 12ck\sqrt{1-20ck} + 16c^2k^2\sqrt{1-20ck} - 1)}{(\sqrt{1-20ck} - 1)^3 (3 - 2\sqrt{1-20ck})}$$

证明： 将反需求函数（4.1）代入零售商的利润函数（4.2）得

$$\pi_R^o = (u_h^o - u_h^o q_h^o - u_l^o q_l^o - w_h^o - c)q_h^o + (u_l^o - u_l^o q_h^o - u_l^o q_l^o - w_l^o)q_l^o$$

π_R^o 是关于 (q_h^o, q_l^o) 的凹函数，因此有一个唯一的全局最优解 (q_h^{o*}, q_l^{o*})。通过对 q_h^o，q_l^o 求导，并同时令为 0，得

$$q_h^o = \frac{u_h^o - u_l^o + w_l^o - w_h^o - c}{2(u_h^o - u_l^o)}, \quad q_l^o = \frac{cu_l^o - u_h^o w_l^o + u_l^o w_h^o}{2u_l^o(u_h^o - u_l^o)}$$

将 q_h^{O*} 和 q_l^{O*} 代入制造商利润函数（4.3），并求关于 w_h^O，w_l^O 的一阶导数，得

$$w_h^O = \frac{ku_h^{O2} + u_h^O - c}{2}, \quad w_l^{O2} = \frac{ku_l^{O2} + u_l^O}{2}$$

将 w_h^O 和 w_l^O 代入制造商利润函数，并求解 u_h^O，u_l^O 的一阶导数，得

$$u_h^{O*} = \frac{2\sqrt{1-20ck} + 12ck - 2}{2k\sqrt{1-20ck} - 2k}, \quad u_l^{O*} = \frac{3 - 2\sqrt{1-20ck}}{5k}$$

将上式代入 w_h^O，w_l^O，q_h^O，q_l^O，式（4.2），式（4.3），得到混合零售商在模型 O 下的均衡结果。

证明完毕#

4.3.2 模型 T——双渠道模型

在此模型中，制造商提供高质量产品给实体零售商 1 销售，将低质产品提供给网络零售商 2 销售。两个零售商各自确定自己的最优数量来获取自身利益：

$$\max \pi_{R1}^T = p_h^T q_h^T - w_h^T q_h^T - cq_h^T, \quad \max \pi_{R2}^T = p_l^T q_l^T - w_l^T q_l^T \tag{4.4}$$

预估到零售商对批发价格的反应，制造商确定最优批发价格和产品质量来确定自己的最优决策，即解决问题：

$$\max \pi_M^T = w_h^T q_h^T + w_l^T q_l^T - ku_h^{T2} q_h^T - ku_l^{T2} q_l^T \tag{4.5}$$

继续采用逆向归纳法，将模型的最优质量水平、批发价格、批发数量以及各方利润计算如下。

命题 4.2 在两个零售商策略中，有以下结论：

$$q_h^{T*} = \frac{14 - 3\sqrt{92ck+9}}{46}, \quad q_l^{T*} = \frac{46ck + 3\sqrt{92ck+9} + 9}{23\sqrt{92ck+9} + 69}$$

$$w_h^{T*} = \frac{24\sqrt{92ck+9} - 161ck + 72}{529k}, \quad w_l^{T*} = \frac{92ck + 29\sqrt{92ck+9} + 87}{1058k}$$

$$u_h^{T*} = \frac{3\sqrt{92ck+9}+9}{46k}, \quad u_l^{T*} = \frac{\sqrt{92ck+9}+3}{23k}$$

$$\pi_{R1}^{T*} = \frac{27(92ck+9)^{\frac{3}{2}} - 15732ck - 168\sqrt{92ck+9} + 225}{97336k}$$

$$\pi_{R2}^{T*} = \frac{23ck\sqrt{92ck+9} + 9\sqrt{92ck+9} + 207ck + 27}{12167k}$$

$$\pi_M^{T*} = \frac{(92ck+9)^{\frac{3}{2}} - 644ck + 27}{2116k}$$

$$\pi_S^{T*} = \frac{75(92ck+9)^{\frac{3}{2}} - 114\sqrt{92ck+9} - 43700ck + 1683}{97336k}$$

证明：将反需求函数（4.1）代入零售商的利润函数（4.4），得到要解决的零售商问题是

$$\max \pi_{R1}^T = p_h^T q_h^T - w_h^T q_h^T - c q_h^T, \quad \max \pi_{R2}^T = p_l^T q_l^T - w_l^T q_l^T$$

由于 π_{R1}^T，π_{R2}^T 分别是 q_h^T，q_l^T 的凹函数，通过分别求解 q_h^T，q_l^T 的一阶导数，得

$$q_h^T = \frac{2u_h^T - u_l^T + w_l^T - 2w_h^T - 2c}{4u_h^T - u_l^T}, \quad q_l^T = \frac{u_h^T u_l^T + u_l^T w_h^T - 2u_h^T w_l^T + cu_l^T}{u_l^T(4u_h^T - u_l^T)}$$

将 q_h^T 和 q_l^T 代入制造商利润函数（4.5），并求关于 w_h^T，w_l^T 的一阶导数，得

$$w_h^O = \frac{ku_h^{O2} + u_h^O - c}{2}, \quad w_l^O = \frac{ku_l^{O2} + u_l^O}{2}$$

将 w_h^T 和 w_l^T 代入制造商利润函数，并求解关于 u_h^T，u_l^T 的一阶导数，得

$$u_h^{T*} = \frac{3\sqrt{92ck+9}+9}{46k}, \quad u_l^{T*} = \frac{6\sqrt{92ck+9}+92ck+18}{23k\sqrt{92ck+9}+69k}$$

将 u_h^{T*}，u_l^{T*} 代入 w_h^T，w_l^T，q_h^T，q_l^T，（4.4）和（4.5），得到混合零售商在模型 T 下的均衡结果。

证明完毕#

为了比较两个模型的内点解，如吉尔伯特和史维萨（Cvsa）[115] 及晏（Yan）等[116]研究的处理一样，推导出以下假设：两个模型中实体渠

道销售高质量产品的销售成本都不够大，即 $0 < c < \dfrac{1}{36k}$。下面将在此销售成本范围内对两个模型进行比较。

4.3.3 两个模型的对比分析

通过对比分析双渠道形式下一个零售商策略和两个零售商策略的最优结果，本节将揭示异质产品是否区分对供应链成员和产品质量水平的影响。

基于两个模型的产品质量，有以下结论。

结论 4.1 与单一渠道模型相比，双渠道模式下的产品质量差异化程度减小，即 $u_h^{T^*} - u_l^{T^*} < u_h^{O^*} - u_l^{O^*}$。

证明：销售产品数量具有非负性，可知：由 $0 < q_h^O$，得 $0 < c < \dfrac{1}{36k}$；由 $0 < q_l^O$；得 $0 < c < \dfrac{1}{20k}$；由 $0 < q_h^T$，得 $0 < c < \dfrac{5}{36k}$；由 $0 < q_l^T$，得 $0 < c$。

比较上式得，当满足 $0 < c < \dfrac{1}{36k}$，所有约束条件都满足。因此默认所有的比较和求解均在此约束条件下进行。

为了证明 $u_h^{T^*} - u_l^{T^*} < u_h^{O^*} - u_l^{O^*}$，将求解的各质量水平值代入，即证明：

$$\frac{9 + 3\sqrt{9 + 92kc}}{46k} - \frac{12\sqrt{9 + 92kc} + 184kc + 36}{138k + 46k\sqrt{9 + 92kc}} < \frac{2\sqrt{1 - 20kc} + 12kc - 2}{k(2\sqrt{1 - 20kc} - 2)}$$

$$- \frac{3 - 2\sqrt{1 - 20kc}}{5k} \Leftrightarrow \frac{3\sqrt{9 + 92kc} + 46kc + 9}{23k(3 + \sqrt{9 + 92kc})} - \frac{2c}{1 - \sqrt{1 - 20kc}} < 0$$

进一步化简得 $0 < c < \dfrac{2}{49k}$，由于 $0 < c < \dfrac{1}{36k}$，经 Matlab 计算验证 $u_h^{T^*} - u_l^{T^*} < u_h^{O^*} - u_l^{O^*}$ 在此约束下总是成立。

证明完毕#

结论 4.1 表明，与一个零售商模型相比，制造商在两个零售商模型中更青睐于对高（低）质量产品设置较低（高）的质量水平，如图 4.2 所示。

同样地，作为供应链中的强势成员，制造商鉴于对自身最大化利润的诉求，通过将两种产品的质量水平拉近，减小两个零售商手中的产品差异性，进而引起两个下游企业的竞争加剧，使得各自的产品相对之前更加有吸引力，最终制造商从产品销量的上升中获得更多利润。对零售商而言，则是在两个零售商模型的"相互伤害"中有所损失。这也从侧面印证了接下来的关于对渠道成员利润比较的结论。

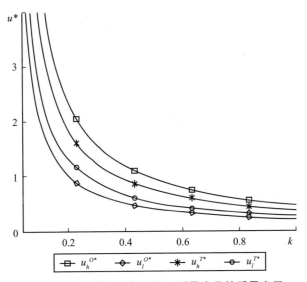

图 4.2　两个模型中高（低）质量产品的质量水平

结论 4. 2　基于两个模型的各方利润比较，有以下结论。

（1）与单一渠道模式相比，双渠道模式对制造商更有利，即 $\pi_M^{T*} > \pi_M^{O*}$；

（2）与单一渠道模式相比，双渠道模式对零售商不利，即 $\pi_R^{T*} < \pi_R^{O*}$；

（3）与单一渠道模式相比，双渠道模式对整个供应链更有利，即 $\pi_S^{T*} > \pi_S^{O*}$。

证明：（1）要证明 $\pi_M^{T*} > \pi_M^{O*}$，代入最终结果，即证明

$$\frac{184k^3c^3 - 18k^2c^2 + \frac{108}{23}kc + \left(4k^2c^2 - \frac{18}{23}kc + \frac{243}{529}\right)\sqrt{9+92kc} + \frac{729}{529}}{k(9 + 3\sqrt{9+92kc} + 46kc)(3 + \sqrt{9+92kc})} >$$

$$\frac{2c\left[(8kc-1)\sqrt{1-20kc} + 40k^2c^2 - 18kc + 1\right]}{(1 - \sqrt{1-20kc})^3}$$

由于销售产品数量的非负性，即 $0 < c < \frac{1}{36k}$。经 Matlab 计算验证，$\pi_M^{T*} > \pi_M^{O*}$ 在此约束下总是成立。

（2）要证明 $\pi_R^{T*} < \pi_R^{O*}$，代入最终结果，即证明

$$\frac{3\{[(138kc-15)\sqrt{9+92kc} + 184kc - 45]}{48668k(3\sqrt{9+92kc} + 46kc + 9)^2}$$
$$\frac{[(299kc-45)\sqrt{9+92kc} + 6348k^2c^2 + 207kc - 135]\}}{48668k(3\sqrt{9+92kc} + 46kc + 9)^2} + \frac{(23kc+9)\sqrt{9+92kc} + 207kc + 27}{12167k} <$$

$$\frac{5c\left[(16k^2c^2 - 12kc + 1)\sqrt{1-20kc} - 88k^2c^2 + 22kc - 1\right]}{(1 - \sqrt{1-20kc})^3(2\sqrt{1-20kc} - 3)}$$ 经 Matlab 计算验证，在

条件 $0 < c < \frac{1}{36k}$ 约束下，$\pi_R^{T*} < \pi_R^{O*}$ 总是成立。

（3）要证明 $\pi_S^{T*} > \pi_S^{O*}$，代入最终结果，即证明

$$\frac{\left[\begin{array}{c}(15817100k^3c^3 - 185679k^2c^2 + 462024kc + 136323)\sqrt{9+92kc} + \\ 167904600k^4c^4 + 53802474k^3c^3 + 1185489k^2c^2 + 3476358kc + 408969\end{array}\right]}{12167k(9 + 3\sqrt{9+92kc} + 46kc)^2(3 + \sqrt{9+92kc})}$$

$$> \frac{15c((16k^2c^2 - 12kc + 1)\sqrt{1-20kc} - 88k^2c^2 + 22kc - 1)}{(1 - \sqrt{1-20kc})^3(2\sqrt{1-20kc} - 3)}$$

经 Matlab 计算验证，在条件 $0 < c < \frac{1}{36k}$ 约束下，$\pi_S^{T*} > \pi_S^{O*}$ 总是成立。

证明完毕#

结论 4.2 表明在双销售形式下，各供应链成员在两个模型中的利润比较与在网络销售形式下是一致的。制造商获益于零售商的竞争关系，因而呈现出以上的结论。而零售商在不同模型中市场地位的变化决定了其不同的受益程度。在一个零售商模型中，只有一家零售商处于供应链的中间

层，对制造商两种产品的销售具有垄断权；在两个零售商模型中，两个零售商尽管销售不同质量的产品，但由于存在着消费者信息搭便车的可能（消费者在零售商 2 的网络渠道中了解到产品 L 的信息后，选择到零售商 1 处的实体渠道购买更放心的产品 H；或消费者在实体渠道发现产品 H 的相关信息后，选择到网络渠道购买更实惠的产品 L。由于本章假设两个零售商购物体验等水平相当，因此不考虑服务搭便车的可能），而价格又是影响消费者搭便车行为的关键因素之一，因此两个零售商不得不在价格上进行一定的竞争，造成的销量增长（$q_h^{T^*} + q_l^{T^*} > q_h^{O^*} + q_l^{O^*}$）并未弥补零售商价格上的让步，反而增加了制造商的利润。也是从零售商不同的市场地位而言，相较于一个零售商模型中的垄断地位，两个零售商模型中的相互制衡在一定程度上减小了双重边际效应的影响，因而呈现出整个供应链利润的上升。

接下来本章将注意力转移到实体渠道销售成本 c 对产品质量水平和供应链各方利润的影响。

结论 4.3 （1）随着实体销售成本 c 的增加，双渠道模型中产品质量差异程度越来越接近，即 $\dfrac{\partial\left[\left(u_h^{O^*} - u_l^{O^*}\right) - \left(u_h^{T^*} - u_l^{T^*}\right)\right]}{\partial c} < 0$；

（2）随着实体渠道的销售成本 c 的增加，制造商在双渠道模型中的利润差异在减小，即 $\dfrac{\partial\left(\pi_M^{T^*} - \pi_M^{O^*}\right)}{\partial c} < 0$；

（3）当实体渠道的销售成本达到 c_Δ 时，零售商利润在双渠道模型中的差异最大，即当 $c < c_\Delta$，$\dfrac{\partial\left(\pi_R^{T^*} - \pi_R^{O^*}\right)}{\partial c} > 0$；反之，$\dfrac{\partial\left(\pi_R^{T^*} - \pi_R^{O^*}\right)}{\partial c} < 0$；

（4）当实体渠道的销售成本达到 c_Δ 时，供应链利润在双渠道模型的差异最大，即当 $c < c_\Delta$，$\dfrac{\partial\left(\pi_S^{T^*} - \pi_S^{O^*}\right)}{\partial c} > 0$；反之，$\dfrac{\partial\left(\pi_S^{T^*} - \pi_S^{O^*}\right)}{\partial c} < 0$。

证明：（1）$\dfrac{\partial\left[\left(u_h^{O^*} - u_l^{O^*}\right) - \left(u_h^{T^*} - u_l^{T^*}\right)\right]}{\partial c} = -\dfrac{1}{\sqrt{1 - 20ck}} - \dfrac{1}{\sqrt{92ck + 9}}$，在

$0 < c < \dfrac{1}{36k}$ 的条件下，$-\dfrac{1}{\sqrt{1-20ck}} - \dfrac{1}{\sqrt{92ck+9}} < 0$，因此，

$$\dfrac{\partial\left[\left(u_h^{O*} - u_l^{O*}\right) - \left(u_h^{T*} - u_l^{T*}\right)\right]}{\partial c} < 0。$$

（2）$\dfrac{\partial\left(\pi_M^{T*} - \pi_M^{O*}\right)}{\partial c} = \dfrac{15870k\sqrt{1-20ck} - 26680k + 3450k\sqrt{92ck+9}}{52900k}$，在 $0 <$

$c < \dfrac{1}{36k}$，$k > 0$ 的条件下，$\dfrac{15870k\sqrt{1-20ck} - 26680k + 3450k\sqrt{92ck+9}}{52900k} < 0$，

因此 $\dfrac{\partial\left(\pi_M^{T*} - \pi_M^{O*}\right)}{\partial c} < 0。$

（3）$\dfrac{\partial\left(\pi_R^{T*} - \pi_R^{O*}\right)}{\partial c} = \dfrac{110ck + 5\sqrt{1-20ck} - 440c^2k^2 - 60ck\sqrt{1-20ck} + 80c^2k^2}{\left(\sqrt{1-20ck}-1\right)^3\left(2\sqrt{1-20ck}-3\right)}$

$$\sqrt{1-20ck} - 5 - 5c\left(\begin{array}{l}176ck^2 - 22k + \dfrac{10k}{\sqrt{1-20ck}} + 12k\sqrt{1-20ck}\\[2mm] -\dfrac{120ck^2}{\sqrt{1-20ck}} - 32ck^2\sqrt{1-20ck} + \dfrac{160c^2k^3}{\sqrt{1-20ck}}\end{array}\right)$$

$$-\dfrac{14076k + \dfrac{5244k}{\sqrt{92ck+9}} - 4002k\sqrt{92ck+9}}{97336k}$$

$$+\dfrac{100ck\left(22ck + \dfrac{\sqrt{1-20ck} - 88c^2k^2 - 12ck}{\sqrt{1-20ck}} + 16c^2k^2\sqrt{1-20ck} - 1\right)}{\left(\sqrt{1-20ck}-1\right)^3\sqrt{1-20ck}\left(2\sqrt{1-20ck}-3\right)^2}$$

$$+\dfrac{150ck\left(22ck + \dfrac{\sqrt{1-20ck} - 88c^2k^2 - 12ck}{\sqrt{1-20ck}} + 16c^2k^2\sqrt{1-20ck} - 1\right)}{\left(\sqrt{1-20ck}-1\right)^4\sqrt{1-20ck}\left(2\sqrt{1-20ck}-3\right)}$$

令 $\dfrac{\partial\left(\pi_R^{T*} - \pi_R^{O*}\right)}{\partial c} = 0$，得到 $c_\Delta = \dfrac{1715335092737531}{1441151188075855872k}$。当 $0 < c <$

$\dfrac{1715335092737531}{1441151188075855872k}$，$k > 0$，$\dfrac{\partial\left(\pi_R^{T*} - \pi_R^{O*}\right)}{\partial c} > 0$；反之，$\dfrac{\partial\left(\pi_R^{T*} - \pi_R^{O*}\right)}{\partial c} <$

0。因此当 $c_\Delta = \dfrac{1715335092737531}{1441151188075855872k}$ 时，$\dfrac{\partial\left(\pi_R^{T*} - \pi_R^{O*}\right)}{\partial c}$ 达到最大值。

$$330ck + 15\sqrt{1-20ck} - 1320c^2k^2 - 180ck\sqrt{1-20ck}$$
$$+ 240c^2k^2\sqrt{1-20ck} - 15 - 15c$$

$$(4)\ \frac{\partial(\pi_S^{T*} - \pi_S^{O*})}{\partial c} = \frac{\left(\begin{array}{c}176ck^2 - 22k + \dfrac{10k}{\sqrt{1-20ck}} + 12k\sqrt{1-20ck} \\[2mm] -\dfrac{120ck^2}{\sqrt{1-20ck}} - 32ck^2\sqrt{1-20ck} + \dfrac{160c^2k^3}{\sqrt{1-20ck}}\end{array}\right)}{(\sqrt{1-20ck}-1)^3(2\sqrt{1-20ck}-3)}$$

$$-\frac{43700k + \dfrac{5244k}{\sqrt{92ck+9}} - 10350k\sqrt{92ck+9}}{97336k}$$

$$+\frac{300ck\ (22ck + \sqrt{1-20ck} - 88c^2k^2}{}$$
$$\frac{-12ck\sqrt{1-20ck} + 16c^2k^2\sqrt{1-20ck} - 1)}{(\sqrt{1-20ck}-1)^3\sqrt{1-20ck}\ (2\sqrt{1-20ck}-3)^2}$$

$$+\frac{450ck\ (22ck + \sqrt{1-20ck} - 88c^2k^2}{}$$
$$\frac{-12ck\sqrt{1-20ck} + 16c^2k^2\sqrt{1-20ck} - 1)}{(\sqrt{1-20ck}-1)^4\sqrt{1-20ck}\ (2\sqrt{1-20ck}-3)}$$

令 $\partial(\pi_S^{T*} - \pi_S^{O*})/\partial c = 0$，得到 $c_\Delta = \dfrac{6853994148407609}{9223372036854775808k}$，当 $0 < c <$

$\dfrac{6853994148407609}{9223372036854775808k}$，$k > 0$，$\dfrac{\partial(\pi_S^{T*} - \pi_S^{O*})}{\partial c} > 0$；反之，$\dfrac{\partial(\pi_S^{T*} - \pi_S^{O*})}{\partial c} <$

0。因此当 $c_\Delta = \dfrac{6853994148407609}{9223372036854775808k}$ 时，$\dfrac{\partial(\pi_S^{T*} - \pi_S^{O*})}{\partial c}$ 达到最大值。

证明完毕#

可见，实体渠道的销售成本的变化对模型中的产品质量差异程度有一定的影响。确切地说，随着 c 的增加，一个零售商模型中的产品质量差异化程度在减小，$\dfrac{\partial(u_h^{O*} - u_l^{O*})}{\partial c} < 0$；而两个零售商模型中产品质量差异化程度在增加，$\dfrac{\partial(u_h^{T*} - u_l^{T*})}{\partial c} > 0$，两者不同方向的变化趋势，最终将两个模型中的高低质量产品的质量差距趋于一致（如图 4.3 所示）。造成两种模型下产品质量差异程度的相反变化的原因，与高质量产品市场的特殊性有关。高端市场的交易是制造商产品线设计时的主要驱动力，销售成本的增加意味着高质量产品销售压力的加重，这对高质量产品市场的发展有不利影响。对模型 O 中的零售商而言，由于处于该产品的垄断地位，具有更多的选择权利，便更加青睐于对低质量产品的倾销，从而导致高质产品市场缩减。因此制造商会采取缩小两种产品的质量差异的方式来缓解这一局面；对模型 T 来说，由于市场中存在两个零售商，销售高质量产品的零售商不仅要面对销售成本攀升的压力，还要应对来自竞争对手的产品侵蚀的压力。为了维持高质量产品市场，制造商加大两种产品的质量差异不仅可以减少来自同类产品的竞争，而且还能够帮助零售商 1 更好地提价来保持良好的竞争地位。

实体渠道的销售成本的增加，在一定程度上提高了高质量产品的除质量属性以外的品牌效益，增大了高质量产品与低质量产品间的差距，这样的结果如图 4.4 所示：①对制造商来说，两个零售商模型中零售商之间的竞争强度降低，大于一个零售商模型中产品可替代性减小的影响，从而使得制造商利润在两个模型间的差距随着销售成本增加而减小；②对零售商而言，销售成本在一定范围的提升会增加自身产品的魅力，进而高质量产品零售商获益于销量的增长，然而当销售成本达到某个界限时（c_Δ），渐长的销售成本对零售商而言不再是产品促销的推力而是压力，销售成本劣势凸显，分销高质量产品的积极性必然受到影响，从而降低了此部分的收益；③对整个供应链来说也是相同的考虑，一定的销售成本投入带来销量的提升进而获得整个渠道的共同增益，但一旦成本投资过度，双赢局面被打破会挫伤整个供应链的效益。需要注意的是，销售成本的增加对两个模型中的实体渠道的影响是不同的。在一个零售商模型中，垄断零售商会统筹兼顾各个渠道的利益，而在两个零售商模型中，高质量产品和低质量产品通过两个独立零售商分发，他们不关心彼此的盈利情况。因此，实体渠道中销售成本的增加对模型 T 各方盈利的影响大于对模型 O 中的影响。

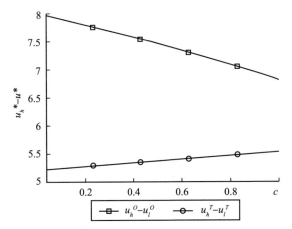

图 4.3　质量差异程度对 c 的变化

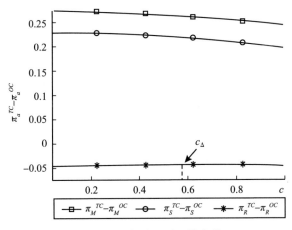

图 4.4　利润差距对 c 的变化

4.4　本 章 小 结

　　本章构建的两种模型都是基于零售商层面的不同渠道模型，一个是由同时拥有线上线下两种渠道形式的单一渠道模型，另一个则由各自拥有一条实体渠道和一条网络渠道的两个零售商组成的双渠道模型。在这两种不同渠道模式下，分别探讨了制造商的最优产品质量选择策略，主要结果显示，不同的渠道选择策略下制造商有着不同的最优产品质量选择，供应链各方也呈现出不同的利润表现。主要的结论归纳如下。

（1）制造商的最优渠道策略是选择两个零售商将异质产品进行区隔化分销。产品在两个零售商模型中得以区隔，制造商可以利用零售商之间的竞争行为进行一定程度上的增益，但两种产品间的质量差距又保证了产品间的可替代性并不完全，因此对两个零售商而言，他们对彼此的客源竞争保持在边际线附近，而不会将竞争零售商的全部客源夺走。

（2）制造商对产品质量差异化程度的调节在不同模型中具有不同含义。在一个零售商模型中，由于中间市场只有一个零售商的存在，制造商对高低质量产品的质量差异设置影响两个产品间的可替代程度，产品间的可替代性越小，低质量产品对高质量产品的侵蚀越弱，因此往往制造商会加大两种产品的质量差距；而在两个零售商模型中，产品质量水平的差异不仅影响产品间的可替代性，还决定了两个零售商间的竞争强度。越大的质量差距意味着低质量产品对高质量产品的侵蚀越小，但不利于保持两个零售商之间适度的竞争关系，因此制造商在两个模型中对质量差异化程度的最优设置是对产品间竞争和企业间竞争的权衡，相较于一个零售商策略，两个零售商模型中的产品质量差异度较小。

（3）本章最后探讨了销售成本对两个模型下利润的影响。研究发现，零售商的销售成本不仅影响零售商的利润水平，更会影响其他渠道成员的收益。在双渠道销售模式下，制造商在两个模型中的利润差距随着销售成本的增大而缩小，零售商和整个供应链在两个模型中的利润比较相对于销售成本来说存在最高点。所以在这个程度上来说，零售商销售成本并非越低越好。

第5章 租赁/销售策略选择问题

将中间商的单一销售策略扩展到中间商既可以销售又可以租赁产品的情形，即本章采用斯塔克尔伯格动态博弈，构建了一个两周期的双渠道供应链模型，考虑了传统渠道中中间商的产品销售和租赁策略。通过对比分析中间商的租赁与销售策略时的单一传统渠道和双渠道两种营销渠道模式，探讨了制造商网络直销对中间商销售与租赁策略选择和供应链成员利润的影响。

5.1 引 言

与非耐用品不同，耐用品中间商既可以向消费者销售产品又可以向消费者租赁产品[94]。即中间商可以选择持有该产品的产权，转而出租该产品的使用权。早在20世纪60年代，施乐公司就对消费者采用了租赁的方式来营销其新产品，并大受欢迎。现如今，消费者不仅能通过租赁公司来租赁电脑和办公设备，而且现在越来越多的中间商也纷纷加入了产品租赁行业。例如，Argos、PC–World在对消费者销售电脑产品的同时，也对消费者进行产品租赁，其业务范围几乎涵盖了所有的高档电脑、器材和周期设备等；而我国知名的电器中间商苏宁也在北京等城市开展了产品租赁服务。

对消费者而言，产品租赁有产品销售不可比拟的优点：①在一段时间内使消费者获得某产品的使用功能；②无须为某一设备预留过多的空间；③可以完成某事而不增加财产负担；④无须担心产品的更新换代。产品租赁也给相关企业带来了丰厚的收入回报：1982年世界租赁业的总量不过849亿美元，而到1992年，该总量增长近3倍，达到3233亿美元，到2008年该总量更是高达7425亿美元，比1992年增长了1.3倍多。一般而言，发达国家的租赁业市场渗透率（租赁在所有固定资产投资中的比例）平均都为15%～30%，而美国则长期维持在30%左右。1981年荣毅仁创建了中国东方租赁有限公司，拉开了我国现代租赁业的序幕；从此，我国的租赁业务取得了长足的发展，据中华人民共和国商务部发布的《中国融资租赁业发展报告（2016—2017）》，2016年在全国融资租赁企业管理信息服务平台上登记的融资租赁企业数量共计6158家，增幅为70.3%；注册资本金总量为19223.7亿元，同比增幅为31.3%，是2013年2884.3亿元的近7倍；资产总额21538.3亿元，比上年同期增长32.4%，突破两万亿元；全行业实现营业收入1535.9亿元，利润总额267.7亿元，较2015年分别增加35%和25.4%。

需要指出的是，租赁和销售一直是耐用品营销领域的研究热点之一。例如，科斯[10]发现了"时间不一致"问题，并猜想通过产品租赁可以有效规避该问题。随后有大量的学者检验了科斯猜想，特别其中的租赁与销售策略选择问题，例如布洛[91]、波达尔[117]、巴斯卡兰和吉尔伯特[94]等。尽管耐用品租赁和销售策略选择是耐用品研究领域的热点问题之一，但鲜有文献将该议题引向双渠道供应链这一全新营销模式中（详细分析见第2章）。另外，尽管有特塞（Tsay）和阿格拉瓦[46]、阿亚等[23]和陈（Chen）等[51]研究了双渠道供应链问题，但他们都没有在双渠道环境下考虑耐用品的租赁策略。

基于巴斯卡兰和吉尔伯特[94]，本章考虑了双渠道供应链中产品直销对中间商租赁和销售策略的影响。本章的模型反映了当前耐用品电子商务的实践：①由于在双渠道中耐用品制造商既通过网上渠道又通过传统渠道来分销其产品，因而本章模型假设消费者面临网络渠道和传统渠道这两个渠道。②在分销制造商产品的同时，中间商可以选择持有该产品的产权，转而出租该产品的使用权[94]；因而本章假设消费者从中间商处既可以购买产品也可以租赁产品。③由于制造商通过网络渠道租赁产品需要严格的环境，例如需要包括完备的法律和健全的诚信机制等，因而很少有制造商在网络渠道中对消费者采取租赁策略。基于我国当前租赁方面管理措施有待进一步完善的现实，我们没有考虑制造商通过网络渠道向消费者租赁产品这一策略选择可能。

本章的创新具体体现在以下两个方面：①对双渠道方面的研究文献而言，通过建立两周期的耐用品双渠道营销模型，我们考虑了产品租赁这一营销策略。②尽管在耐用品研究文献中，产品租赁和销售已经得到了充分的研究，但是面对上游制造商的网络直销，下游中间商应当如何选择销售和租赁则还需进一步分析。

本章的内容组织结构如下：5.2 节是模型假设；5.3 节是模型分析（5.3.1 节分析了单一传统渠道供应链；5.3.2 节研究了制造商的双渠道策略下的最优解问题；基于 5.3.1 节和 5.3.2 节的分析，5.3.3 节对比研究了两种渠道结构下的最优解）；5.4 节是本章小结。

5.2　模　型　假　设

与第 4 章一致，假设双渠道供应链中包含一个制造商和一个中间商，与之不同的是，如图 5.1 所示，本章的中间商可以对消费者采取租赁和销售策略。本章的博弈顺序如下：首先，制造商向中间商宣布批发价格；其次，基于制造商的批发价格，中间商选择最优的产品销售量和租赁量；最后，根据中间商的反应，制造商再选择网络渠道的产品直销量。

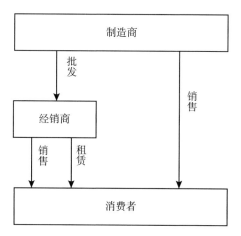

图 5.1　研究框架

此外，本章还是沿用第 4 章关于产品、制造商、中间商和消费者的假设（详见 3.2.1 节至 3.2.4 节），但有以下细微调整。

假设 5.1　假设产品完全耐用，即随着时间的推移，产品不会出现任何折旧（$\gamma = 1$）。

与布洛[91]、巴斯卡兰和吉尔伯特[94]等文献一致，为了更有针对地研究中间商租赁和销售策略，本章模型不考虑产品耐用品的变化。

为了对中间商的租赁和销售策略进行有效区分，本章追加以下假设。

假设 5.2　假设产品租赁合同刚好持续一个周期，即中间商向消费者出租产品时，其与消费者约定产品的租赁跨度恰好为一个周期。

假设 5.3　由于中间商对消费者既可以采取租赁又可以采取销售策略，因而在第一周期中，假设他的最优租赁量和销售量分别为 q_l 和 q_s，即 $q_{1R} = q_l + q_s$；而第二周期中的新产品无须区别租赁和销售，即中间商在第二周期中的最优新产品数量统一为 q_{2R}。

假设 5.2 是耐用品文献中的常见假设（见布洛[91]、德赛和普罗希特[92]及巴斯卡兰和吉尔伯特[94]等），基于假设 5.2，研究发现，由于第二周期是本章模型的最后一个周期，因而租赁和销售的新产品都只能持续一个周期，即在第二周期中，产品的租赁和销售价格一致，那么没有必要对第二周期中的租赁和销售策略进行区别。

5.3　模型分析

同第 4 章一样，首先分析单一的传统供应链模型；然后再分析双渠道模型；最后将两者进行比较分析。

5.3.1　模型 S——单一传统渠道模型

根据方程（3.1）和（3.2），可以求得单一供应链中的逆需求函数为

$$p_{2n} = p_{2u} = a - (q_s + q_l) - q_{2R}$$
$$p_{1n} = 2a - 2(q_s + q_l) - q_{2R} \tag{5.1}$$

本书采用逆向归纳法求解，即先求博弈双方在第二周期中的最优策略，然后再求相应决策主体在第一周期的最优策略。

1. 第二周期分析

在第二周期中，制造商的目标函数为

$$\max_{w_2} \Pi_2^s(q_s, q_s, w_2) = w_2 q_{2R} \tag{5.2}$$

给定制造商的最优批发价格（w_2^{s*}），中间商通过选取最优销量（q_{2R}^{s*}）来实现第二周期利润最大化，即

$$\max_{q_{2R}} \pi_2^s(q_s, q_l, w_2, q_{2R}) = l_{2n} q_{2R} + l_{2n} q_l - w_2 q_{2R} \tag{5.3}$$

其中，第一项为中间商在第二周期中销售新产品的收益，第二项为中间商在第二周期中继续出租第一周期的租赁品的收益所得。

2. 第一周期分析

在最优化第二周期利润的基础上，在第一周期中，制造商将选取最优批发价格（$w_1^{s^*}$）来实现两周期利润最大化，即

$$\max_{w_1}\Pi^s(w_1) = w_1(q_s^{s^*} + q_l^{s^*}) + \Pi_2^{s^*}(q_s^{s^*} + q_l^{s^*}) \tag{5.4}$$

给定制造商的最优批发价格（$w_1^{s^*}$），中间商会选取最优销售量和租赁量来实现两周期利润最大化，即

$$\max_{q_s, q_l}\pi^s(w_1, q_s, q_l) = q_l l_{1n} + q_s p_{1n}(q_{1R}, q_{2R}^{s^*}(q_s, q_l))$$
$$- w_1(q_s + q_l) + \pi_2^{s^*}(q_s, q_l) \tag{5.5}$$
$$\text{s. t. } q_s, q_l \geqslant 0$$

其中，第一项为中间商在第一周期中的租赁收益，而第二项为中间商在第一周期中的销售收益。

采用逆向递归法求解，可以得到命题 5.1。

命题 5.1　在单一传统渠道模型中，供应链成员的最优解为

$$q_{2R}^{s^*} = \frac{7a}{48}, \quad w_2^{s^*} = \frac{7a}{24}, \quad q_l^{s^*} = \frac{5a}{24}, \quad q_s^{s^*} = 0, \quad w_1^{s^*} = \frac{49a}{48},$$

$$\pi^{s^*} = \frac{319a^2}{2304}, \quad \Pi^{s^*} = \frac{49a^2}{192}$$

证明：略。

命题 5.1 表明，当中间商垄断耐用品消费者市场时，中间商放弃了销售策略，即其对消费者采取纯租赁策略。原因是，如果垄断商对消费者采取销售策略，当消费者在第一周期购买产品后，垄断商为了追求更多的利润会向市场进一步销售更多的产品，从而造成"时间不一致"问题，进而影响垄断商自身的收益。显然，命题 5.1 与布洛[91]的研究结果相一致，即为了避免"时间不一致"问题和谋求更多的利润，处于垄断地位的中间商转而对消费者采取纯租赁策略。

那么中间商的纯租赁策略对制造商的影响如何呢？为了回答这个问

题，必须将命题 5.1 中的制造商利润与中间商采取纯销售策略时的制造商利润进行比较分析。巴斯卡兰和吉尔伯特[94]进行了类似分析和比较，发现尽管纯租赁策略对中间商有利，但是该策略却对制造商不利。也就是说，尽管纯租赁策略有助于中间商减缓"时间不一致"问题，但是由于纯租赁策略下，产品的产权由中间商掌握，因而与销售策略相比，纯租赁策略下的中间商会担心第二周期中的新产品对其手头租赁产品的第二周期利润形成冲击；相反，纯销售下的中间商却不会将消费者手头产品的产权内生化，因而他并不担心第二周期新产品对消费者手头产品的影响。综上可以看出，与纯销售下的中间商相比，纯租赁下的中间商将在第二周期销售更少的产品，进而导致纯租赁下的双重边际效应进一步增加，制造商利润进一步降低。

5.3.2　模型 D——双渠道模型

根据方程（3.1）和（3.2），可以得到在双渠道供应链中的逆需求函数为

$$
\begin{aligned}
&p_{2n} = p_{2u} = a - (q_s + q_l) - q_{1M} - q_{2M} - q_{2R} \\
&p_{1n} = 2a - 2(q_s + q_l + q_{1M}) - q_{2R} - q_{2M}
\end{aligned}
\tag{5.6}
$$

与单一传统渠道一样，采用逆向递归法，即先求博弈双方第二周期中的最优策略，然后再求相应决策主体在第一周期的最优策略。

1. 第二周期分析

在双渠道供应链中，由于制造商可以通过网络渠道向消费者直接销售产品，因而制造商的目标函数是

$$
\max_{q_{2M}} \Pi_2^d(q_s, q_l, q_{1M}, w_2, q_{2R}, q_{2M}) = w_2 q_{2R} + l_{2n} q_{2M} - c q_{2M}
\tag{5.7}
$$

其中，第一项为产品批发的收益所得，第二项为直销给制造商带来的收益，而最后一项则为直销的成本。

给定最优的批发价格（w_2^{d*}）和预期制造商的最优销售量（q_{2M}^{d*}），中间商在第二周期中的目标函数为

$$\max_{q_{2R}}\pi_2^d(q_s,\ q_l,\ q_{1M},\ w_2,\ q_{2R},\ q_{2M}^{d*}) = l_{2n}q_{2R} + l_{2n}q_l - w_2q_{2R} \quad (5.8)$$

在给定最优销售量（q_{2M}^{d*}和q_{2R}^{d*}）的条件下，制造商将确定产品的最优批发价格（w_2^{d*}），即

$$\max_{w_2}\Pi_2^d(q_s,\ q_l,\ q_{1M},\ w_2,\ q_{2R}^{d*},\ q_{2M}^{d*}) = w_2q_{2R} + l_{2n}q_{2M} - cq_{2M} \quad (5.9)$$

2. 第一周期分析

与第 4 章一样，供应链成员在第二周期最优策略的基础上，他们在第一周期中将通过最优量的选取来实现两周期总利润最大化。即制造商和中间商的目标函数分别为

$$\begin{aligned}
\Pi^d(w_1, q_s, q_l, q_{1M}) &= w_1(q_s + q_l) + q_{1M}p_{1n}(q_s, q_l, q_{1M}) - cq_{1M} \\
&\quad + \Pi_2^{d*}(q_s, q_l, q_{1M}) \\
\pi^d(w_1, q_s, q_l, q_{1M}) &= l_{1n}q_l + q_sp_{1n}(q_s, q_l, q_{1M}) - w_1(q_s + q_l) \\
&\quad + \pi_2^{d*}(q_s, q_l, q_{1M})
\end{aligned} \quad (5.10)$$

继续采用逆向归纳法求解，可以得到以下命题。

命题 5.2 在双渠道供应链中，随着直销成本 c 的变化，制造商和中间商面临以下七种最优策略组合。

（1）当 $0.0016a < c \leq 0.0201a$ 时，

$$w_1^{d*} = \frac{595a}{671} - \frac{141c}{671},\ q_{1M}^{d*} = \frac{533a}{1342} - \frac{309c}{1342},$$

$$q_s^{d*} = \frac{7a}{1342} - \frac{349c}{1342},\ q_l^{d*} = \frac{3a}{1342} + \frac{309c}{1342},$$

$$w_2^{d*} = \frac{399a}{1342} - \frac{217c}{671},\ q_{2M}^{d*} = \frac{200a}{671} - \frac{1059c}{1342},$$

$$q_{2R}^{d*} = \frac{625c}{1342} - \frac{a}{1342},$$

$$\Pi^{d*} = \frac{302a^2}{671} - \frac{398ac}{671} + \frac{1631c^2}{2684},$$

$$\pi^{d*} = \frac{89a^2}{1800964} + \frac{2047ac}{450241} + \frac{638565c^2}{1800964}\,。$$

（2）当 $0.0201a < c \leqslant 0.0526a$ 时，

$$w_1^{d*} = \frac{9a}{10} - \frac{61c}{70}, \quad q_{1M}^{d*} = \frac{2a}{5} - \frac{13c}{35},$$

$$q_s^{d*} = 0, \quad q_l^{d*} = \frac{5c}{7},$$

$$w_2^{d*} = \frac{3a}{10} - \frac{16c}{35}, \quad q_{2M}^{d*} = \frac{3a}{10} - \frac{31c}{35},$$

$$q_{2R}^{d*} = \frac{3c}{7},$$

$$\Pi^{d*} = \frac{9a^2}{20} - \frac{41ac}{70} + \frac{207c^2}{490},$$

$$\pi^{d*} = \frac{69c^2}{98}\,。$$

（3）当 $0.0526a < c \leqslant 0.3094a$ 时，

$$w_1^{d*} = \frac{77a}{90} - \frac{7c}{270}, \quad q_{1M}^{d*} = \frac{20a}{51} - \frac{2c}{9},$$

$$q_s^{d*} = 0, \quad q_l^{d*} = \frac{2a}{85} + \frac{4c}{15},$$

$$w_2^{d*} = \frac{49a}{170} - \frac{7c}{30}, \quad q_{2M}^{d*} = \frac{151a}{510} - \frac{73c}{90},$$

$$q_{2R}^{d*} = \frac{26c}{45} - \frac{2a}{255},$$

$$\Pi^{d*} = \frac{2299a^2}{5100} - \frac{277ac}{450} + \frac{1907c^2}{2700},$$

$$\pi^{d*} = \frac{2a^2}{3825} + \frac{8ac}{675} + \frac{586c^2}{2025}\,。$$

（4）当 $0.3094a < c \leqslant 0.4706a$ 时，

$$w_1^{d*} = \frac{19a}{63} + \frac{62c}{63}, \quad q_{1M}^{d*} = \frac{16a}{21} - \frac{34c}{21},$$

$$q_s^{d*} = \frac{10c}{7} - \frac{a}{7}, \quad q_l^{d*} = 0,$$

$$w_2^{d*} = \frac{59c}{42} - \frac{4a}{21}, \quad q_{2M}^{d*} = 0,$$

$$q_{2R}^{d*} = \frac{8a}{21} - \frac{17c}{21},$$

$$\Pi^{d*} = \frac{11a^2}{63} + \frac{32ac}{63} - \frac{5c^2}{126},$$

$$\pi^{d*} = \frac{3a^2}{49} - \frac{11ac}{49} + \frac{61c^2}{98}.$$

（5）当 $0.4706a < c \leqslant 0.4835a$ 时，

$$w_1^{d*} = \frac{389257a}{419228} - \frac{16888c}{104807}, \quad q_{1M}^{d*} = \frac{51534a}{104807} - \frac{49812c}{104807},$$

$$q_s^{d*} = \frac{37272c}{104807} - \frac{67109a}{419228}, \quad q_l^{d*} = \frac{119127a}{838456} + \frac{1174c}{104807},$$

$$w_2^{d*} = \frac{80537a}{419228} + \frac{5096c}{104807}, \quad q_{2M}^{d*} = 0,$$

$$q_{2R}^{d*} = \frac{80537a}{838456} + \frac{2548c}{104807},$$

$$\Pi^{d*} = \frac{791625a^2}{1676912} - \frac{52276ac}{104807} + \frac{34148c^2}{104807},$$

$$\pi^{d*} = \frac{15725716159a^2}{703008463936} + \frac{288122897ac}{21969014498} + \frac{1434753768c^2}{10984507249}.$$

（6）当 $0.4835a < c \leqslant 0.5336a$ 时，

$$w_1^{d*} = \frac{772573a}{803088} - \frac{7691c}{200772}, \quad q_{1M}^{d*} = \frac{3563a}{7722} - \frac{1478c}{3861},$$

$$q_s^{d*} = 0, \quad q_l^{d*} = \frac{a}{2376} + \frac{145c}{594},$$

$$w_2^{d*} = \frac{755a}{2808} - \frac{37c}{702}, \quad q_{2M}^{d*} = 0,$$

$$q_{2R}^{d*} = \frac{755a}{5616} - \frac{37c}{1404},$$

$$\Pi^{d*} = \frac{1513513a^2}{3212352} - \frac{185183ac}{401544} + \frac{51913c^2}{200772},$$

$$\pi^{d*} = \frac{69156671a^2}{3816274176} + \frac{9997583ac}{477034272} + \frac{18546719c^2}{238517136}.$$

（7）当 $0.5336a < c \leqslant 1.0346a$ 时，

$$w_1^{d*} = \frac{389257a}{419228} - \frac{16888c}{104807}, \quad q_{1M}^{d*} = \frac{51534a}{104807} - \frac{49812c}{104807},$$

$$q_s^{d*} = \frac{37272c}{104807} - \frac{67109a}{419228}, \quad q_l^{d*} = \frac{119127a}{838456} + \frac{1174c}{104807},$$

$$w_2^{d*} = \frac{80537a}{419228} + \frac{5096c}{104807}, \quad q_{2M}^{d*} = 0,$$

$$q_{2R}^{d*} = \frac{80537a}{838456} + \frac{2548c}{104807},$$

$$\Pi^{d*} = \frac{791625a^2}{1676912} - \frac{52276ac}{104807} + \frac{34148c^2}{104807},$$

$$\pi^{d*} = \frac{15725716159a^2}{703008463936} + \frac{288122897ac}{21969014498} + \frac{1434753768c^2}{10984507249}.$$

证明：见附录 B。

由命题 5.2 可知，制造商可以采用两种方法控制来自传统渠道的竞争：对中间商提高批发价格和在直销渠道中销售更多的产品。特别是在直销渠道中销售更多的产品可以有效地遏制传统渠道中中间商的租赁策略，因为那些第一周期在直销渠道中购买了产品的消费者将不会在第二周期再租赁中间商的任何产品。

根据命题 5.2，有以下几个阈值值得强调和分析（见图 5.2）：当 $c > 1.0346a$，市场上仅有传统渠道；当 $0.0016a < c \leqslant 1.0346a$，制造者开始网络直销，即在传统渠道分销产品的基础上，制造商开通直销渠道；当 $c \leqslant 0.0016a$，中间商开始关闭传统渠道。从而，可以得到以下结论。

结论 5.1 （1）当 $0.3094a < c \leqslant 1.0346a$ 时，制造商开始涉入直销，即在该成本区域中，他仅在第一周期中开通直销渠道并进行网上销售。

（2）当 $0.0016a < c \leqslant 0.3094a$ 时，制造商将进一步侵入市场，即在该

成本区域中，他将在两个周期中都开通直销渠道并进行网上销售。

（3）当$c \leq 0.0016a$时，面对制造商的入侵，中间商将从第二周期开始退出零售市场。

图5.2 供应链成员最优策略的几个阈值

证明： 当$0.3094a < c \leq 1.0346a$时，制造商在第二周期的最优销售量为$q_{2M}^{d*} = 0$，但是，制造商的第二周期的最优销售量却是$q_{1M}^{d*} \geq 0$（当$c = 1.0346a$时，$q_{1M}^{d*} = 0$；否则，$q_{1M}^{d*} > 0$），显然，这表明$0.3094a < c \leq 1.0346a$时，制造商开始网络直销并侵入市场。

当$c \leq 0.3094a$时，制造商在两周期中的最优销量有$q_{1M}^{d*} > 0$ 和 $q_{2M}^{d*} \geq 0$（当$c = 0.3094a$时，$q_{2M}^{d*} = 0$，否则，$q_{2M}^{d*} > 0$），显然，当$c \leq 0.3094a$时，制造商将进一步侵入市场，并在两周期中都开通网络直销。

当$c = 0.0016a$时，有$q_{2R}^{d*} = 0$ 但 $q_{1R}^{d*} = q_s^{d*} + q_l^{d*} > 0$，这表明中间商从第二周期开始关闭传统渠道并退出市场。

证明完毕#

结论5.1表明，随着直销成本的下降，制造商首先从第一周期开始网络直销，然后，再在两周期中都实行产品直销。对此解释如下：首先，由于第一周期的产品可以为消费者提供两个周期的服务，因而，与第二周期中的产品相比，第一周期的产品的单位价格更高，所以其能为制造商带来更多的收益。其次，如前面所述，制造商在第一周期中销售产品可以有效地遏制传统渠道中中间商的租赁数量，进而提高他本身在第二周期中的收益。而对于中间商而言，当直销成本进一步降低（即$c \leq 0.0016a$）时，中间商与制造商间的竞争将进一步激烈，而且由于直销成本的降低，使得传统渠道中的中间商分销产品的优势进一步丧失，因而此时的中间商只能退出市场。

那么究竟直销成本对供应链成员的最优策略影响如何呢？依据非耐用品研究方面的经验预期应当是，随着直销成本的降低，制造商将提高产品的批发价格并通过直销渠道销售更多的产品，而中间商则会减少传统渠道中的产品供给。事实上，当产品为耐用品，中间商可以同时采用租赁和销售策略时，直销成本对最优策略的影响将变得非常复杂且与上述预期并不一致。假设市场容量为 $a=1$，那么随着直销成本的降低，上述影响可以归结于以下结论（如图 5.3 所示）。

结论 5.2 当产品为耐用品，且考虑中间商租赁策略时，随着直销成本（c）的降低，无论直销渠道中还是传统渠道中的最优数量的变化并不连续，与此同时，产品的最优批发价格的变化也不连续。

证明：略。

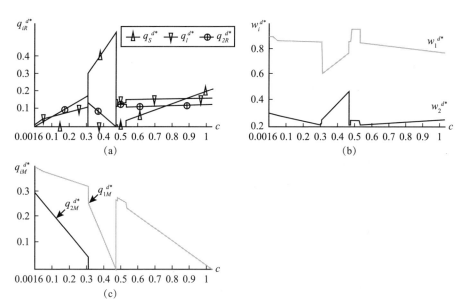

图 5.3 最优量的变化（$a=1$；$c \in [0.0016; 1.0346]$）

显然，结论 5.2 与非耐用品时的经验并不一致，为了更加详尽地了解这一差异，首先简单解释耐用品制造商在双渠道供应链中的两种利润来源：在网络渠道中进行产品直销和在传统渠道中进行产品批发的利润所得。而且当 $0.0016a < c \leqslant 0.3094a$ 时，直销带来的收益大于批发的收益；而当 $0.3094a < c \leqslant 1.0346a$ 时，情况刚好相反，即制造商从产品批发中获得的收益比产品批发的收益大。

因而，结论 5.2 可以解释如下：当 $0.3094a < c \leqslant 1.0346a$ 时，由于主要的收益是来自于产品批发，那么制造商此时不能过分地侵害中间商的利益，这就造成在该直销成本区间，制造商有以下三项任务：①通过网络渠道获取直销利润；②通过传统渠道批发产品进而获取批发利润；③促使中间商采取销售策略，而放弃租赁策略①。而当 $0.4706a \leqslant c < 0.4835a$ 和 $0.5336a \leqslant c < 1.0346a$ 时，随着直销成本的降低，制造商将采用提高批发价格的方式来遏制来自中间商的竞争；与此同时，为了避免过分地减少中间商的收益，制造商降低了第二周期的批发价格。当 $0.4835a \leqslant c < 0.5336a$ 时，预期中间商会对消费者采取租赁策略，制造商将会提高两周期的批发价格和增加直销渠道的销售数量，从而导致中间商的利润减低，而制造商的利润增加。当 $0.3094a \leqslant c < 0.4706a$ 时，预期中间商会对消费者采取销售策略，制造商会降低第一周期的批发价格和直销的数量，与此同时，为了"弥补"自己在第一周期的损失，制造商将提高第二周期的批发价格。当直销成本降低到 $0.3094a$ 以下时，中间商的分销优势逐渐减小，而直销越来越有利可图。因而，为了遏制来自传统渠道的竞争，制造商将提高两周期的批发价格和销售数量。

5.3.3　两个模型的对比分析

通过对比分析单一传统渠道下和双渠道下的最优结果，本节将揭示制

---

① 再次需要指出的是，相比销售 q_s，经销商的租赁 q_l 对制造商的冲击更大。

造商的网络直销对供应链成员的影响。

基于两个模型的批发价格，得出以下结论（如图 5.4 所示）。

结论 5.3 （1）与单一传统渠道相比，制造商总是在双渠道中的第一周期的设置较低的批发价格，即 $w_1^{d*}(c) < w_1^{s*}(c)$；

（2）当且仅当 $0.3432a \leqslant c < 0.4706a$ 时，双渠道中第二周期的批发价格低于单一传统渠道中第二周期的批发价格。

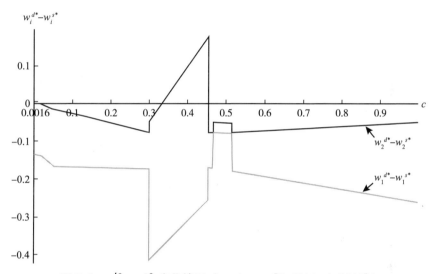

图 5.4 $w_i^{d*} - w_i^{s*}$ 变化情况 （$a=1$；$c \in [0.0016; 1.0346]$）

证明：约定 $\Delta w_i(c) = w_i^{d*}(c) - w_i^{s*}(c)$，那么可以得到

当 $0.0016a < c \leqslant 0.0201a$ 时，

$$\Delta w_1(c) = w_1^{d*}(c) - w_1^{s*}(c) = \frac{595a}{671} - \frac{141c}{671} - \frac{49a}{48} = -\frac{4319a}{32208} - \frac{141c}{671} < 0,$$

$$\Delta w_2(c) = w_2^{d*}(c) - w_2^{s*}(c) = \frac{399a}{1342} - \frac{217c}{671} - \frac{7a}{24} \leqslant \Delta w_2(0.0016a) < 0;$$

当 $0.0201a < c \leqslant 0.0526a$ 时，

$$\Delta w_1(c) = w_1^{d*}(c) - w_1^{s*}(c) = \frac{9a}{10} - \frac{61c}{70} - \frac{49a}{48} = -\frac{29a}{240} - \frac{61c}{70} < 0,$$

$$\Delta w_2(c) = w_2^{d*}(c) - w_2^{s*}(c) = \frac{3a}{10} - \frac{16c}{35} - \frac{7a}{24} \leq \Delta w_2(0.0201a) < 0;$$

当 $0.0526a < c \leq 0.3094a$ 时，

$$\Delta w_1(c) = w_1^{d*}(c) - w_1^{s*}(c) = \frac{77a}{90} - \frac{7c}{270} - \frac{49a}{48} = -\frac{119a}{720} - \frac{7c}{270} < 0,$$

$$\Delta w_2(c) = w_2^{d*}(c) - w_2^{s*}(c) = \frac{49a}{170} - \frac{7c}{30} - \frac{7a}{24} = -\frac{7a}{2040} - \frac{7c}{30} < 0;$$

当 $0.3094a < c \leq 0.4706a$ 时，

$$\Delta w_1(c) = w_1^{d*}(c) - w_1^{s*}(c) = \frac{19a}{63} + \frac{62c}{63} - \frac{49a}{48} < \Delta w_2(0.4706a) < 0,$$

$$\Delta w_2(c) = w_2^{d*}(c) - w_2^{s*}(c) = \frac{59c}{42} - \frac{4a}{21} - \frac{7a}{24} = -\frac{27a}{56} - \frac{59c}{42} < 0;$$

由此可知，存在一个阈值，$c = 0.3432a$，当 $0.3432a < c < 0.4706a$ 时，$\Delta w_2(c) > 0$；否则，$\Delta w_2(c) < 0$；

当 $0.4706a < c \leq 0.4835a$ 时，

$$\Delta w_1(c) = w_1^{d*}(c) - w_1^{s*}(c) = \frac{389257a}{419228} - \frac{16888c}{104807} - \frac{49a}{48}$$

$$= -\frac{16888c}{104807} - \frac{464459a}{5030736} < 0,$$

$$\Delta w_2(c) = w_2^{d*}(c) - w_2^{s*}(c) = \frac{80537a}{419228} + \frac{5096c}{104807} - \frac{7a}{24} < \Delta w_2(0.4835a) < 0;$$

当 $0.4835a < c \leq 0.5336a$ 时，

$$\Delta w_1(c) = w_1^{d*}(c) - w_1^{s*}(c) = \frac{772573a}{803088} - \frac{7691c}{200772} - \frac{49a}{48}$$

$$= -\frac{23623c}{401544} - \frac{7691c}{200772} < 0,$$

$$\Delta w_2(c) = w_2^{d*}(c) - w_2^{s*}(c) = \frac{755a}{2808} - \frac{37c}{702} - \frac{7a}{24} = \frac{8a}{351} - \frac{37c}{702} < 0;$$

当 $0.5336a < c \leq 1.0346a$ 时，

$$\Delta w_1(c) = w_1^{d*}(c) - w_1^{s*}(c) = \frac{389257a}{419228} - \frac{16888c}{104807} - \frac{49a}{48}$$

$$= -\frac{464459c}{5030736} - \frac{16888c}{104807} < 0,$$

$$\Delta w_2(c) = w_2^{d*}(c) - w_2^{s*}(c) = \frac{80537a}{419228} + \frac{5096c}{104807} - \frac{7a}{24} < \Delta w_2(1.0346a) < 0;$$

根据以上分析，发现当 $0.3432a < c < 0.4706a$ 时，$\Delta w_2(c) > 0$；否则，$\Delta w_1(c) < 0$，$\Delta w_2(c) < 0$。

证明完毕#

结论 5.3 表明，在双渠道供应链中，为了避免过度地冲击中间商的利润，制造商往往会设置较低的批发价格。该观点与阿亚等[23]中的结论类似："如果制造商不降低批发价格，那么制造商的直销将过度地冲击传统渠道中的销售量，进而侵害中间商的利润"。而与之不同的是，当 $0.3432a \leq c < 0.4706a$ 时，与单一传统渠道相比，制造商在双渠道中的第二周期中设置较高的批发价格。对此，给出以下解释：$0.3432a \leq c < 0.4706a$ 时，中间商的分销优势不是很明显，换句话说，由于直销渠道的销售劣势不大，此时传统渠道中的中间商面临着直销渠道的竞争较为激烈。为了缓和来自直销渠道的竞争，中间商通过放弃租赁这一营销策略来换取制造商的批发价格和直销数量的降低。制造商之所以愿意降低批发价格和销售数量的原因有两个：①当 $0.3432a \leq c < 0.4706a$ 时，尽管此时直销的劣势不大，但与传统渠道相比，产品直销仍没有传统渠道分销有效，即传统渠道中的产品批发仍然比网络渠道中的产品直销更加有利可图；②降低第一周期的批发价格和销售数量意味着中间商的潜在市场和单位产品的收益都会更大，从而导致传统渠道中产品批发的利润进一步增加。与此同时，为了弥补第一周期的"损失"，制造商将会在第二周期设置较高的批发价格。

针对第一周期中，中间商的租赁和销售策略的选择，给出以下结论①。

---

① 由于本章采用的是两周期模型，即第二周期是最后一个周期，因而在第二周期中，新产品的租赁和销售在经济上没有本质区别。

结论 5.4 （1）在单一传统渠道中，中间商的唯一最优策略是产品租赁，即 $q_s^{s^*} = 0$。

（2）在双渠道供应链中，当 $0.0201a < c \leqslant 0.3094a$ 和 $0.4835a < c \leqslant 0.5336a$ 时，中间商将选择纯租赁策略；当 $0.3094a < c \leqslant 0.4706a$ 时，中间商将选择纯销售策略；当 $0.0016a < c \leqslant 0.0201a$、$0.4706a < c \leqslant 0.4835a$ 和 $0.5336a < c \leqslant 1.0346a$ 时，中间商将选择租赁和销售并存的混合策略。

证明：略。

在单一传统供应链中，正如德赛和普罗希特[93]指出，租赁将是唯一的最优策略，因为该策略能让市场垄断者（中间商）避免时间不一致问题，进而带来更高的利润。但是，我们发现，在双渠道中面对制造商的直销，中间商的最优策略受直销成本的影响：随着直销成本的变化，中间商将在纯租赁、纯销售和销售与租赁并存的混合策略间进行策略性选择。需要指出的是，尽管该结论与布瓦朗斯基（Bucovetsky）和奇尔顿（Chilton）[118]及波达尔（Poddar）[117]的研究结论部分相似，但本章的研究问题和重点与他们却不相同，因为模型研究的是上游的制造商与下游中间商之间的竞争，而非同级制造商间的竞争。显然，结论 5.4 表明，市场结构与竞争性质的变化对科斯猜想和供应链成员的租赁和销售策略的选择有重要的影响。

现在，将探究直销渠道的开通对供应链成员利润的影响。为此，给出以下结论（如图 5.5 所示）。

结论 5.5 （1）与单一的传统渠道相比，直销渠道的开通总是对制造商有利；

（2）当且仅当 $0.8939a < c \leqslant 1.0346a$ 时，中间商获益于制造商直销渠道的开通；否则，双渠道供应链中中间商的利润低于其在单一传统供应链中的利润；

（3）当 $c < 0.1187a$、$0.3312a < c \leqslant 0.4706a$ 和 $0.7815a < c \leqslant 1.0346a$ 时，与单一的传统渠道相比，直销渠道的开通提升了整个供应链的利润。

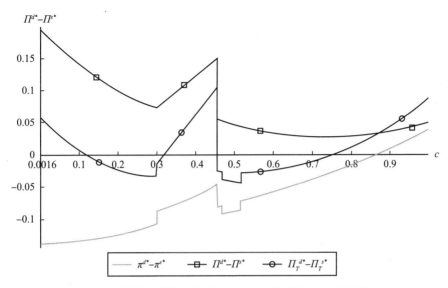

图 5.5 利润之差的变化 （$a = 1$；$c \in [0.0016; 1.0346]$）

证明：设定 $\Delta\Pi_T(c) = \Pi_T^{d^*}(c) - \Pi_T^{s^*}(c)$、$\Delta\pi(c) = \pi^{d^*}(c) - \pi^{s^*}(c)$

和 $\Delta\Pi(c) = \Pi^{d^*}(c) - \Pi^{s^*}(c)$，从而可得

当 $0.0016a < c \leqslant 0.0201a$ 时，

$$\Delta\pi(c) = \frac{89a^2}{1800964} + \frac{2047ac}{450241} + \frac{638565c^2}{1800964} - \frac{319a^2}{2304} < \Delta\pi(0.0201a) < 0,$$

$$\Delta\Pi(c) = \frac{302a^2}{671} - \frac{398ac}{671} + \frac{1631c^2}{2684} - \frac{49a^2}{192} > \Delta\Pi(0.0201a) > 0,$$

$$\Delta\Pi_T(c) = \frac{58569845a^2}{1037355264} - \frac{265011ac}{450241} + \frac{900482c^2}{866483} > \Delta\Pi_T(0.0201a) > 0;$$

当 $0.0201a < c \leqslant 0.0526a$ 时，

$$\Delta\pi(c) = \frac{69c^2}{98} - \frac{319a^2}{2304} < \Delta\pi(0.0526a) < 0,$$

$$\Delta\Pi(c) = \frac{9a^2}{20} - \frac{41ac}{70} + \frac{207c^2}{490} - \frac{49a^2}{192} > \Delta\Pi(0.0526a) > 0,$$

$$\Delta\Pi_T(c) = \frac{9a^2}{20} - \frac{41ac}{70} + \frac{207c^2}{490} + \frac{69c^2}{98} - \left(\frac{319a^2}{2304} + \frac{49a^2}{192}\right)$$

$$> \Delta \Pi_T(0.0526a) > 0 ;$$

当 $0.0526a < c \leqslant 0.3094a$ 时，

$$\Delta \pi(c) = \frac{2a^2}{3825} + \frac{8ac}{675} + \frac{586c^2}{2025} - \frac{319a^2}{2304} < \Delta \pi(0.3094a) < 0,$$

$$\Delta \Pi(c) = \frac{2299a^2}{5100} - \frac{277ac}{450} + \frac{1907c^2}{2700} - \frac{49a^2}{192} > \Delta \Pi(0.3094a) > 0,$$

$$\Delta \Pi_T(c) = \frac{2299a^2}{5100} - \frac{277ac}{450} + \frac{1907c^2}{2700} + \frac{2a^2}{3825} + \frac{8ac}{675}$$

$$+ \frac{586c^2}{2025} - \left(\frac{319a^2}{2304} + \frac{49a^2}{192} \right),$$

发现存在阈值 $c = 0.1187a$，当 $c < 0.1187a$ 时，$\Delta \Pi_T(c) > 0$；否则，$\Delta \Pi_T(c) < 0$。

当 $0.3094a < c \leqslant 0.4706a$ 时，

$$\Delta \pi(c) = \frac{3a^2}{49} - \frac{11ac}{49} + \frac{61c^2}{98} - \frac{319a^2}{2304} < \Delta \pi(0.4706a) < 0,$$

$$\Delta \Pi(c) = \frac{11a^2}{63} + \frac{32ac}{63} - \frac{5c^2}{126} - \frac{49a^2}{192} > \Delta \Pi(0.3094a) > 0,$$

$$\Delta \Pi_T(c) = \frac{11a^2}{63} + \frac{32ac}{63} - \frac{5c^2}{126} + \frac{3a^2}{49} - \frac{11ac}{49} + \frac{61c^2}{98} - \left(\frac{319a^2}{2304} + \frac{49a^2}{192} \right),$$

发现存在阈值 $c = 0.3312a$，当 $0.3312a < c \leqslant 0.4706a$，$\Delta \Pi_T(c) > 0$；否则，$\Delta \Pi_T(c) < 0$。

当 $0.4706a < c \leqslant 0.4835a$ 时，

$$\Delta \pi(c) = \frac{15725716159a^2}{703008463936} + \frac{28812289ac}{21969014498} + \frac{1434753768c^2}{10984507249}$$

$$- \frac{319a^2}{2304} < \Delta \pi(0.4835a) < 0,$$

$$\Delta \Pi(c) = \frac{791625a^2}{1676912} - \frac{52276ac}{104807} + \frac{34148c^2}{104807} - \frac{49a^2}{192}$$

$$> \Delta \Pi(0.4835a) > 0,$$

$$\Delta \Pi_T(c) = \frac{5013703204a^2}{10984507249} - \frac{10669658567ac}{21969014498} + \frac{2550546864881a^2}{25308304701696}$$

$$\leqslant \Delta \Pi(0.4706a) < 0;$$

当 $0.4835a < c \leqslant 0.5336a$ 时，

$$\Delta \pi(c) = \frac{69156671a^2}{3816274176} + \frac{9997583ac}{477034272} + \frac{18546719c^2}{238517136} - \frac{319a^2}{2304}$$

$$< \Delta \pi(0.5336a) < 0,$$

$$\Delta \Pi(c) = \frac{1513513a^2}{3212352} - \frac{185183ac}{401544} + \frac{51913c^2}{200772} - \frac{49a^2}{192}$$

$$> \Delta \Pi(0.5336a) > 0,$$

$$\Delta \Pi_T(c) = \frac{45610429a^2}{477034272} - \frac{209999821ac}{477034272} + \frac{80219363c^2}{238517136}$$

$$\leqslant \Delta \Pi_T(0.4835a) < 0;$$

当 $0.5336a < c \leqslant 1.0346a$ 时，

$$\Delta \pi(c) = \frac{15725716159a^2}{703008463936} + \frac{288122897ac}{21969014498} + \frac{1434753768c^2}{10984507249} - \frac{319a^2}{2304}, \text{发}$$

现存在阈值，$c = 0.8939a$，当 $0.8939a < c \leqslant 1.0346a$ 时，$\Delta \pi(c) > 0$；否则，$\Delta \pi(c) < 0$。

$$\Delta \Pi(c) = \frac{791625a^2}{1676912} - \frac{52276ac}{104807} + \frac{34148c^2}{104807} - \frac{49a^2}{192}, \text{发现，当} c = 0.7654a$$

时，$\Delta \Pi'(c) = 0$；进一步发现，$\min \Delta \Pi(c) = 0.0845a^2$，因而，$\Delta \Pi(c) > \min \Delta \Pi(c) = 0.0845a^2 > 0$；

$$\Delta \Pi_T(c) = \frac{2550546864881a^2}{25308304701696} - \frac{10669658567ac}{21969014498} + \frac{5013703204c^2}{10984507249}, \text{发现}$$

存在一个阈值 $c = 0.7815a$，当 $0.7815a < c \leqslant 1.0346a$ 时，$\Delta \Pi_T(c) > 0$；否则，$\Delta \Pi_T(c) < 0$。

证明完毕#

从上述结论中，可以看出，直销渠道的开通总是对制造商有利的，原因是直销渠道的开通不仅能为制造者带来直接的经济来源，而且还能有效地缓解传统渠道中的"双重边际效应"问题。

另外，上述结论表明直销渠道对中间商利润的影响既与产品批发价格，也与网络渠道的直销数量有关。当直销成本较高时，一方面，制造商的直销数量较少；另一方面，制造商在双渠道中设定的批发价格低于其在单一传统渠道中所设定的批发价格。上述因素导致了中间商从制造商直销中受益。相反，随着直销成本的降低，产品直销的劣势进一步缩小，制造商在网络渠道中销售的产品数量有所提升，从而导致产品直销对传统渠道中中间商的冲击加剧，进而致使中间商在双渠道中的利润低于其在单一传统渠道中的利润。

与上述结论一致，阿亚等[23]也发现，当中间商的成本优势较大或较小时，制造商的直销能带来供应链利润的增加。需要指出的是，我们发现当中间商的成本优势适中（$0.3312a < c \leqslant 0.4706a$）时，制造商的直销也能为供应链带来较高的利润。对此解释如下：首先，模型允许中间商对消费者采取租赁和销售策略，而且发现在单一传统渠道中，中间商的最优策略是放弃销售转而向消费者采取租赁。由于租赁策略造成了制造商与中间商间更加严重的双重边际效应问题，因而租赁策略下的单一传统渠道比销售策略下的单一传统渠道的利润要小。其次，当 $0.3312a < c \leqslant 0.4706a$ 时，在双渠道供应链中，中间商的最优策略是对消费者采取纯销售策略，而作为对此的回应，制造商将设置较低的批发价格，也就是说，与单一传统渠道中的纯租赁策略相比，当 $0.3312a < c \leqslant 0.4706a$ 时，中间商在双渠道中的纯销售策略带来的双重边际效应问题较小，从而导致整个供应链的利润高于单一传统供应链中的供应链利润。

5.4 本 章 小 结

与第4章不同的是，本章模型允许中间商在单一的传统渠道中对消费者同时采取租赁和销售策略，即通过对比分析中间商采取租赁与销售策略时的单一传统渠道和双渠道两种营销渠道模式，本章探讨了制造商的网上直销对中间商租赁与销售策略的影响。分析结果显示，网络直销渠道的开通对中间商的租赁和销售策略选择和供应链成员的利润有重要影响。主要结论和管理启示归纳如下。

（1）在单一的传统渠道中，为了避免"时间不一致"问题，市场的垄断者（中间商）对消费者采取纯租赁策略，即中间商放弃了销售策略。但是，由于租赁策略下的产品产权由中间商掌握，因而与销售策略相比，纯租赁策略下的中间商会担心第二周期中新产品对其手头租赁产品的第二周期利润的影响，从而导致纯租赁下的中间商将在第二周期销售更少的产品；即与纯销售相比，纯租赁策略下的双重边际效应进一步增加，制造商利润进一步降低。从理论上来看，该结论与布洛[91]的结论一致，并验证了科斯猜想成立。从实践层面来看，上述结论与早期电话公司的营销策略一致，在缺乏竞争的老贝尔电话系统时期，作为市场垄断者的贝尔电话公司曾经对消费者采用纯租赁策略，而一度拒绝向消费者销售产品[119]。

（2）在双渠道供应链中，为了应对网络直销的冲击，中间商放弃了单一传统渠道中的纯租赁策略，转而随着直销成本的变化在纯租赁、纯销售、租赁和销售并存等策略间进行策略性选择（详见结论 5.5）。显然，从学术层面上来看，该结论反映了市场结构与竞争性质的不同是科斯猜想能否成立的重要影响因素；而从实践上来看，随着市场结构与竞争性质的变化，中间商的最优策略在纯租赁、纯销售、租赁和销售混合策略间进行选择，从一定意义上来讲这正好反映了本章研究的必要性，其也能为双渠道下中间商，特别是耐用品中间商提供决策支持和参考。

（3）在双渠道供应链中，为了减少网络直销对传统渠道中中间商利润的冲击，制造商会在第一周期中始终设置较低的批发价格，而即便在第二周期中，也在较大的范围内设置较低的批发价格（详见结论 5.3）。从而导致在一定条件下，即使面对直销渠道的产品销售对市场的侵蚀，中间商仍然获益于制造商直销渠道的开通。从学术层面来看，这无疑给耐用品双渠道供应链的协调提供了新的视角。而从实践来看，该结论也为耐用品制造商的双渠道实践提供了新的策略选择和管理启示。

（4）同第4章一样，本章也探究了网络渠道的开通是否对制造商自身有利这一议题。研究发现，与单一的传统渠道相比，直销渠道的开通总是对制造商有利。显然，这一结论与结论5.5并不一致。为此，我们探究出现这一差异的原因：首先，本章的单一传统渠道中，当中间商垄断整个产品市场时，他会对消费者采用租赁策略，而且这一策略使得他与制造商间造成了比销售策略时更加严重的双重边际效应问题。也就是说，单一传统渠道中的制造商利润低于其在第4章中的单一传统渠道时的利润。其次，本章放弃了对产品耐用度这一外生变量的考虑，转而假设产品完全耐用，从而导致，同第4章中双渠道情况下的制造商利润相比，本章的双渠道中的制造商利润总是处于较高位置。

第6章 再制造营销渠道外包问题

6.1 引 言

一般来说，一个产品是否可以被再制造往往要符合以下几个特征[12]：首先，该产品必须是含有高价值部件的耐用品。其次，市场上有对该产品的再制造品的需求。再次，该产品具有易拆卸、能修复或替换、可复原等可再制造性的产品设计。

再制造能为企业带来丰厚的利润回报，因为再制造不仅节约了原材料，而且与新产品生产相比，再制造也减少了人力资源等的投入[120]。总体而言，再制造能为公司节省40%~65%的制造成本[121]。因而，越来越多的耐用品厂商，包括苹果、佳能、惠普、联想和松下等，都将再制造视为其商业模式中必不可少的一环。另一方面，再制造能给环境带来较大的好处，因为再制造不仅减少了产品的废弃，而且与新产品生产相比，再制造也减少了自然资源和能源的消耗。一般而言，与新产品生产相比，再制造一个产品仅需要消耗15%的能源[120]。因而，相关政府部门和环境团体均在不遗余力地鼓励企业从事再制造。例如，欧盟的《报废电子电气设备指令》（WEEE）就延伸了制造企业对其产品的责任，即当一个电子/电器产品经过消费者使用后，并处于废弃状态时，制造商必须承担起对该产品回收或处理的责任。

尽管有大量的文献研究了再制造的技术、生产计划、库存控制和竞争策略等议题[122]，但鲜有文献涉及不同渠道结构中再制造品营销的经济和环境绩效问题。然而，再制造品的销售却对营销渠道造成了一系列的冲击。例如，中间商同时销售再制造品和新产品就存在诸多的障碍：首先，与新产品相比，再制造品通常价格较低，但质量却几乎与新产品一致，从而对中间商的新产品销售带来了严重的冲击，因而中间商往往不愿意在销售新产品的同时也分销再制造品。其次，一些法律法规也制约着中间商在分销新产品的同时销售再制造品的行为，例如，英国的《货物销售法》（the Sales of Goods Act）就对中间商的再制造品销售行为作出了极其严格的限制[123]。最后，中间商销售再制造品往往会对制造商的声誉造成损害。例如，惠普电脑在中国就曾陷入再制造品营销丑闻，即亚洲最大的 HP 代理商——深圳高鸿恒昌将惠普的再制造电脑当新电脑出售给消费者[124]。同样的事情也发生在戴尔和中间商 TigerDirect 间。

因而，制造商通常采用网络渠道或指定第三方来销售再制造品[13]。例如，苹果公司就通常将再制造品放在其网络渠道销售。同样，佳能也通过官网来销售其旗下的再制造品。而采用第三方来销售再制造品的公司也不在少数，例如，松下就将其 Toughbook 的电脑通过 Telrepco、Buy Tough 和 Rugged Depot 等第三方来分销。另外，我国的《汽车零部件再制造试点管理办法》也明确要求，经过再制造后的汽车部件必须贴有再制造的标准，并通过售后服务中的第三方来销售，而不得通过新产品的零售渠道来销售[125]。

基于上述的实践背景，本章建立了两个双渠道模型，制造商通过中间商分销新产品的同时，通过网络渠道对消费者直销其再制造品（模型 M）或者通过指定的第三方来分销其再制造品（模型 3P）。我们试图探究以下问题。

（1）从利润最大化角度来观察，不同的再制造品销售渠道对供应链成员的利润影响如何？对制造商、中间商和第三方而言，哪个渠道模式更优？

（2）从生态环境的角度来分析，再制造品销售渠道的不同对环境绩效影响如何？哪个渠道模式对生态环境更加有利？

本章的内容组织结构如下：6.2 节是模型假设；6.3 节分别分析了再制造品直销和制造品第三方销售的两个双渠道供应链；6.4 节将上述两个双渠道供应链扩展到多个中间商分销新产品的情形；6.5 节是本章小结。

6.2　模 型 假 设

本章建立了两个关于再制造品营销的双渠道模型，即制造商通过中间商分销新产品的同时，通过网络渠道对消费者直销其再制造品（模型 M），如图 6.1（a）所示；或者通过指定的第三方来分销其再制造品（模型 3P），如图 6.1（b）所示。

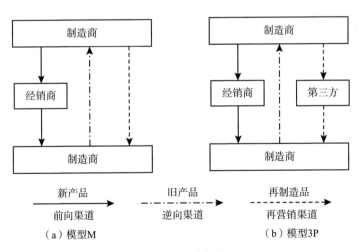

图 6.1　研究框架

本章有关分销成本、消费者偏好和决策顺序等假设罗列如下。

假设 6.1 两个双渠道模型的决策顺序如下：首先，制造商宣布批发价格；随后，中间商决定新产品的订购数量；最后，制造商（或第三方）选择最优的再制造品的销售量。

显然，上述假设与前两章基本一致，而且该决策顺序被供应链方面的研究文献广泛采用（阿亚等[23]、熊等[2]）。

假设 6.2 再制造品的原材料唯一来源是市场上的新产品；也就是说，任何一个产品最多有两次机会出现在市场上：新产品和再制造品。

尽管假设 6.2 排除了从市场上的再制造品获取原材料的可能性，但该假设与我们的研究背景非常吻合：在电子产品工业中，再制造品的原材料经常是市场上的废弃的上一代产品，而且从技术层面来看，这些产品与市场上同期新产品相比都有所落后；因而，大多数制造商往往不会将上一代以前的再制造品进行回收并再次进行再制造加工处理。我们发现萨瓦斯卡（Savaskan）等[126]、阿格拉瓦等[106]和熊等[2]在研究再制造议题时，均使用了上述的限定和假设。

假设 6.3 假设市场容量为 1，消费者均匀分布于区间 [0，1]；而且消费者对新产品和再制造品的估价存在差异，他们对新产品估价为 θ，那么他们对再制品的估价为 $\delta\theta$，其中 $0 \leq \delta \leq 1$。

与前两章类似，仍然可以从消费者效用函数中推导得到产品的逆需求函数为

$$
\begin{aligned}
p_n &= 1 - \delta q_r - q_n \\
p_r &= \delta(1 - q_r - q_n)
\end{aligned}
\tag{6.1}
$$

式中，下标 n 和 r 分别表示新产品和再制造品。

与前两章一样，消费者在新产品和再制造品间的估价不同导致了新产品和再制造品间的相互侵蚀问题。而且，消费者对再制造品估价较低也符合他们对现实情况的判断：①包括苹果、佳能、惠普和松下等制造商的再制造品质保期都普遍短于新产品的质保期，因而，从这个层面出发，即使

在面对制造商的"再制造品几乎与新产品在质量上一样"承诺，消费者仍对再制造品的质量有所保留，进而估价较低。②另外，由于与生产新产品相比，再制造成本普遍比较低，因而，从这个层面出发，基于与新产品生产成本相比，再制造成本较低这一事实，消费者也往往对在制品给出较低的价格。

假设 6.4 假设新产品的边际生产成本为 $c_p = c > 0$，而再制造的边际再制造成本为 c_m，为了保证再制造相比于新产品的生产更加节约成本这一现实，假设 $c_m = 0$。假设中间商销售单位新产品的销售成本为 c_n，而制造商或第三方销售单位再制造品的销售成本为 c_r。

与新产品相比，再制造有成本优势是一个普遍的假设[127,128]。与阿亚等[23]一样，$c_m = 0$ 仅仅是一个方便性简化，并不影响分析结果。

显然，上述假设将再制造成本分为两部分："生产"再制造品的成本（包括回收成本和再制造成本）和"销售"再制造品的成本。该分类方式不同于萨瓦斯卡等[126]、熊等[129]和 Zhou 等[128]等现有再制造研究文献的再制造成本分类——他们往往将再制造分为再制造品的收集成本和再制造成本。对此，给出以下必要的解释：首先，本章的模型假设所有的产品都由制造商回收，因而不存在回收成本差异的问题。其次，他们关注的是再制造品的生产计划及其运作管理问题，而本章关注的是再制造品的营销问题，因而没有必要对再制造成本进行单独描述并加以区分。最后，为了顺利完成对再制造营销的研究，我们有必要在模型中考虑再制造品的营销成本这一影响因素。

6.3 模型分析

本节将分别对模型 M 和模型 3P 进行建模分析，分别用 $\pi_e^h(\Pi_g^h)$ 代表决策主体 e 和 g 在模型 h 下的利润，其中，$h = \{M, 3P\}$ 分别代表模型 M

（网上直销的双渠道模型）和模型 3P（第三方销售的双渠道模型），$e = \{R, 3P\}$ 分别表示中间商和第三方，而 $g = \{M, T\}$ 分别表示制造商和整个供应链。

6.3.1　模型 M

在模型 M 中，因为制造商可以对消费者直销再制造品，因而制造商的目标函数为

$$\max_{w_n, q_r} \Pi_M^M = (p_r - c_r) q_r + (w_n - c) q_n \tag{6.2}$$

给定批发价格（w_n^{M*}）和预期制造商的最优反应（q_r^{M*}），中间商的目标函数为

$$\max_{q_n} \pi_R^M = (p_n - w_n - c) q_n \tag{6.3}$$

同前两章一样，采用逆向递归法，可以得到以下结论。

命题 6.1　模型 M 中的最优批发价格、销售量和利润归纳为

$$q_r^{M*} = \frac{3\delta^2 + 8c_r - 2\delta c_n - 2\delta c - 3\delta c_r - 6\delta}{2\delta(5\delta - 8)}, \quad q_n^{M*} = \frac{2(\delta + c + c_n - c_r - 1)}{5\delta - 8},$$

$$w_n^{M*} = \frac{\delta^2 + 8 + 8c + (6c_n - c_r - 6 - 4c)\delta - 8c_n}{2(8 - 5\delta)},$$

$$\pi_R^{M*} = \frac{2(2 - \delta)(\delta + c + c_n - 1 - c_r)^2}{(5\delta - 8)^2},$$

$$\Pi_M^{M*} = \frac{(\delta - c_r - 1)\left[\delta(\delta + 1) + (8 - \delta)c_r - 8\delta(c + c_n) - 8\right] - 4\delta(c + c_n)^2 + 5\delta - 8}{4\delta(5\delta - 8)}。$$

证明：将式（6.1）代入制造商利润并求一阶偏导，得

$$q_r^{M*} = \frac{\delta - \delta q_n - c_r}{2\delta}$$

将式（6.1）和 q_r^{M*} 代入函数 $\displaystyle\max_{q_n} \frac{q_n(2 - 2q_n - \delta + \delta q_n + c_r - 2w_n - 2c_n)}{2}$

求一阶偏导，得

$$q_n^{M*} = \frac{2 - 2w_n - \delta + c_r - 2c_n}{2(2-\delta)}$$

将式（6.1）、q_r^{M*} 和 q_n^{M*} 代入制造商利润函数并求一阶偏导，得

$$w_n^{M*} = \frac{\delta^2 + 8 + 8c + (c_r - 6 - 4c + 6c_n)\delta - 8c_n}{2(8-5\delta)}$$

将 w_n^{M*} 代入 q_n^{M*}、q_r^{M*}、式（6.2）和式（6.3）可得命题6.1。

证明完毕#

6.3.2 模型 3P

在模型 3P 中，由于制造商同时向中间商和第三方批发新产品和再制造品，因而，制造商的目标函数为

$$\max_{w_r, w_n} \Pi_M^{3P} = w_r q_r + (w_n - c)q_n \tag{6.4}$$

给定批发价格（w_n^{3P*} 和 w_r^{3P*}）和预期第三方的最优销售 q_r^{3P*}，中间商的问题为

$$\max_{q_n} \pi_R^{3P} = (p_n - w_n - c_n)q_n \tag{6.5}$$

给定批发价格（w_n^{3P*} 和 w_r^{3P*}）和中间商的最优销售 q_n^{3P*}，第三方的问题为

$$\max_{q_r} \pi_{3P}^{3P} = (p_r - w_r - c_r)q_r \tag{6.6}$$

再次运用逆向递归法，可得以下命题。

命题 6.2 模型 3P 中的最优批发价格、销售量和利润归纳为

$$q_r^{3P*} = \frac{\delta^2 - 2\delta - \delta c_r - 2\delta c_n - 2\delta c + 4c_r}{8\delta(\delta - 2)}, \quad q_n^{3P*} = \frac{2 + c_r - \delta - 2c_n - 2c}{8 - 4\delta},$$

$$w_r^{3P*} = \frac{\delta - c_r}{2}, \quad w_n^{3P*} = \frac{1 + c - c_n}{2}, \quad \pi_{3P}^{3P*} = \frac{(\delta^2 - 2\delta - \delta c_r - 2\delta c_n - 2\delta c + 4c_r)^2}{64\delta(\delta - 2)^2},$$

$$\pi_R^{3P*} = \frac{(\delta + 2c_n + 2c - c_r - 2)^2}{32(2 - \delta)},$$

$$\Pi_M^{3P*} = \cfrac{\begin{aligned}&(u - c_r)(\delta^2 - 2\delta - \delta c_r - 2\delta c_n - 2\delta c + 4c_r)\\&+ 2\delta(1 - c - c_n)(\delta + 2c_n + 2c - 2 - c_r)\end{aligned}}{16\delta(\delta - 2)}。$$

证明：将式（6.1）代入第三方利润并求一阶偏导，得

$$q_r^{3P*} = \frac{\delta - \delta q_n - w_r - c_r}{2\delta}$$

将式（6.1）和 q_r^{3P*} 代入函数 $\max\limits_{q_n} \dfrac{q_n(2 - 2q_n - \delta + \delta q_n + w_r + c_r - 2w_n - 2c_n)}{2}$

求一阶偏导，得

$$q_n^{3P*} = \frac{2 + c_r + w_r - \delta - 2c_n - 2w_n}{2(2 - \delta)}$$

将式（6.1）、q_r^{3P*} 和 q_n^{3P*} 代入制造商利润函数发现此时的海赛矩阵为负定，表明制造商的利润函数 Π_M^{3P*} 为 (w_n, w_r) 的联合凹函数，因而存在着唯一的最优解 (w_n^{3P*}, w_r^{3P*})。就 w_r^{3P*} 和 w_n^{3P*} 求一阶偏导，得

$$w_r^{3P*} = \frac{\delta - c_r}{2}, \quad w_n^{3P*} = \frac{1 + c - c_n}{2}$$

将 w_r^{3P*} 和 w_n^{3P*} 代入 q_n^{3P*}、q_r^{3P*}、式（6.4）、式（6.5）和式（6.6）可得命题6.2。

证明完毕#

类似吉尔伯特和史维萨[115]及萨瓦斯卡等[126]，为了使 $0 < q_r < q_n$，给出以下约束。

假设6.5 为了便于模型 M 和模型 3P 的对比分析，假设再制造品的销售成本满足

$$\frac{(2 + \delta + 6c + 6c_n)\delta}{\delta + 8} < c_r < \frac{(2 + 2c_n + 2c - \delta)\delta}{4 - \delta}$$

上述假设表明，一方面，再制造品的销售成本不能过大，即 $c_r < \dfrac{(2 + 2c_n + 2c - \delta)\delta}{4 - \delta}$，从而让制造商和第三方愿意向消费者销售再制造

品，即 $q_r > 0$；另一方面要求再制造品的销售成本也不能过小，即

$$\frac{(2 + \delta + 6c + 6c_n)\delta}{\delta + 8} < c_r，从而让中间商愿意向消费者销售足够的新产品用$$

于再制造，即 $q_n > q_r$。

6.3.3　两个模型的比较

基于命题 6.1 和命题 6.2，首先分析两模型中批发价格的差异，并给出以下结论。

结论 6.1　模型 M 中新产品的批发价格总是低于模型 3P 中新产品的批发价格，即 $w_n^{M*} < w_n^{3P*}$。

证明：要证明 $w_n^{M*} < w_n^{3P*}$，即要求 $\dfrac{\delta^2 + 8 + 8c + (c_r - 6 - 4c + 6c_n)\delta - 8c_n}{2(8 - 5\delta)} <$

$\dfrac{1 + c - c_n}{2}$，进一步化简可以得到 $c_r > \delta + c + c_n - 1$。

根据假设 6.5，这一不等式成立。

证明完毕#

结论 6.1 表明，同模型 3P 相比，制造商总是在模型 M 中对新产品设置较低的批发价格。制造商之所以如此做是基于以下两点：①由于在模型 3P 中制造商和第三方之间也有双重边际效应问题，从而导致模型 3P 中的单位再制造品的利润不如其在模型 M 中的利润高。那么在模型 M 中，为了收获更多的再制造品原料，制造商愿意对新产品设置较低的批发价格。②与模型 3P 相比，制造商在模型 M 中销售更多的再制造品（见结论 6.2），从而导致模型 M 中的中间商面临再制造品的冲击更大，因而为了避免对中间商的冲击过大而影响再制造品原料的获取，制造商向中间商设置了较低的批发价格。

基于命题 6.1 和命题 6.2，接下来分析和比较模型 M 和模型 3P 在最优数量方面的差异。

结论6.2 同模型3P相比，模型M中的再制造品（新产品）数量较大（小），即 $q_r^{M*} > q_r^{3P*}$（$q_n^{M*} < q_n^{3P*}$）。

证明：（1）要证明 $q_r^{M*} > q_r^{3P*}$，即要求 $\dfrac{3\delta^2 + 8c_r - 2\delta c_n - 2\delta c - 3\delta c_r - 6\delta}{2\delta(5\delta - 8)} >$

$\dfrac{\delta^2 - 2\delta - \delta c_r - 2\delta c_n - 2\delta c + 4cr}{8\delta(\delta - 2)}$，化简得到 $c_r < \dfrac{(7\delta^2 - 30\delta + 32 + 2\delta c + 2\delta c_n)\delta}{7\delta^2 - 28\delta + 32}$。

根据假设6.5，这一不等式成立。

（2）要证明 $q_n^{M*} < q_n^{3P*}$，即要求 $\dfrac{2(\delta + c + c_n - c_r)}{(5\delta - 8)} < \dfrac{2 + c_r - 2c_n - 2c}{8 - 4\delta}$，进

一步化简可以得到 $c_r < \dfrac{(6 + 2c + 2c_n - 3\delta)\delta}{8 - 3\delta}$。

根据假设6.5，这一不等式成立。

证明完毕#

在模型3P中，由于制造商和第三方之间也有双重边际效应问题，因而导致 $q_r^{M*} > q_r^{3P*}$；至于 $q_n^{M*} < q_n^{3P*}$，我们解释如下：由于同模型3P相比，制造商在模型M中销售单位再制品能够获得更多的利润，从而导致制造商在模型M中有动力去销售更多的再制造品，即中间商面临再制品的冲击更大，因而即使制造商设置较低的批发价格，模型M中的中间商仍然销售较少的新产品，即 $q_n^{M*} < q_n^{3P*}$。

接下来分析两个模型中最优利润的差异，基于命题6.1和命题6.2，给出以下结论。

结论6.3 同模型3P相比，模型M中的制造商、中间商和供应链利润都较小，即 $\Pi_M^{M*} < \Pi_M^{3P*}$，$\pi_R^{M*} < \pi_R^{3P*}$，$\Pi_T^{M*} < \Pi_T^{3P*}$。

证明：（1）要证明 $\Pi_M^{M*} < \Pi_M^{3P*}$，即要求 $\dfrac{(\delta - cr - 1)\left[8\delta(c + c_n) + 8c_r - 8 - \delta c_r + \delta\right] - 4\delta(c - c_n)^2 + \delta^3 - \delta^2 - 5\delta - 8}{4\delta(5\delta - 8)} <$

$\dfrac{(u - c_r)(\delta^2 - 2\delta - \delta c_r - 2\delta c_n - 2\delta c + 4c_r) + (1 - c - c_n)(u + 2c_n + 2c - 2 - c_r)}{16\delta(\delta - 2)}$，

进一步化简可以得到
$$\frac{\left[12\delta+12\delta c-32c_n+2\delta^2-32c-32+12\delta c_n\\+4(1-c_n-c)\sqrt{2(5\delta-8)(\delta-2)}\right]\delta}{2(12\delta-32+\delta^2)}<c_r<$$

$$\frac{\left[12\delta+12\delta c-32c_n+2\delta^2-32c-32+12\delta c_n-4(1-c_n-c)\sqrt{2(5\delta-8)(\delta-2)}\right]\delta}{2(12\delta-32+\delta^2)}。$$

根据假设 6.5，这一不等式成立。

（2）由 $\pi_R^{M*}<\pi_R^{3P*}$ 化简得到 $\frac{2(2-\delta)(\delta+c+c_n-1-c_r)^2}{(5\delta-8)^2}<$

$\frac{(\delta+2c_n+2c-c_r-2)^2}{32(2-\delta)}$，进一步化简可以得到

$$\frac{42\delta+32c_n+32c-18\delta c-32-18\delta c_n-13\delta^2}{24-13\delta}<c_r<\frac{\delta(6+2c+2c_n-3\delta)}{8-3\delta}。$$

根据假设 6.5，这一不等式成立。

（3）根据上述两步证明，发现 $\Pi_M^{M*}<\Pi_M^{3P*}$ 和 $\pi_R^{M*}<\pi_R^{3P*}$，从而可得

$$\Pi_T^{M*}(=\Pi_M^{M*}+\pi_R^{M*})<\Pi_T^{3P*}(=\Pi_M^{3P*}+\pi_R^{3P*}+\pi_{3P}^{3P*})$$

证明完毕#

为了解释上述结论，得分析再制造品对制造商利润的双重影响：一方面，再制造品可以直接给制造商带来收益；另一方面，再制造品的销售会对中间商的新产品形成冲击，进而影响制造商的新产品收益。因而上述结论可以解释如下：尽管在模型 M 中，制造商销售了较多的再制造品（$q_r^{M*}>q_r^{3P*}$），但是这些再制造品冲击了制造商的新产品的利润所得。结论 6.3 表明，制造商从再制造品处的获益不能弥补其销售新产品时的利润损失，因而 $\Pi_M^{M*}<\Pi_M^{3P*}$。而由于在模型 M(3P) 中，网络（第三方）渠道销售较多（少）的再制造品，从而导致中间商拥有较小（大）的潜在市场，即 $\pi_R^{M*}<\pi_R^{3P*}$。由于 $\Pi_M^{M*}<\Pi_M^{3P*}$ 和 $\pi_R^{M*}<\pi_R^{3P*}$，那么 $\Pi_T^{M*}<\Pi_T^{3P*}$。

6.3.4 环境绩效分析

产品对环境的影响的大小等于单位产品对环境的影响乘以产品的数

量$^{[106,130,131]}$。假设单位新（再制造）产品对环境的影响大小为$i_n(i_r)$。由于同新产品生产相比，生产再制造品需要的原材料和能源较少，给出以下假设。

假设 6.6 单位新产品对环境的影响大于单位再制造品对环境的影响，即$i_n > i_r$。

分别用E^M和E^{3P}来表示模型 M 和模型 3P 的环境绩效。基于命题 6.1、命题 6.2 和假设 6.6，给出以下结论。

结论 6.4 模型 M 总是比模型 3P 绿色，即$E^M < E^{3P}$。

证明： 因为再制造能够减少新产品的废弃，因而新产品对环境影响的总效应$e_n = i_n(q_n - q_r)$；与此同时，在制品对环境影响的总效应$e_r = i_r q_r$，从而可以得到模型 M 和模型 3P 对环境的影响应当分别为

$$E^M = i_n(q_n^{M*} - q_r^{M*}) + i_r q_r^{M*} = i_n q_n^{M*} - (i_n - i_r)q_r^{M*},$$

$$E^{3P} = i_n(q_n^{3P*} - q_r^{3P*}) + i_r q_r^{3P*} = i_n q_n^{3P*} - (i_n - i_r)q_r^{3P*};$$

由于，$q_n^{M*} < q_n^{3P*}$和$q_r^{M*} > q_r^{3P*}$，进而可以得到$E^M - E^{3P} < 0$，即模型 M 总是比模型 3P 绿色，即$E^M < E^{3P}$。

证明完毕#

对于结论 6.4 可以给出以下分析和解释：一方面，在模型 M 中，制造商通过网络渠道销售较多的再制造品，因而对中间商的新产品的销售形成了较大的冲击，进而导致中间商在模型 M 中销售较少的新产品，即$q_n^{3P*} > q_n^{M*}$；而另一方面，模型 3P 中的再制造品的销售数量少于模型 M 中的再制造品销售量，即$q_r^{M*} > q_r^{3P*}$；那么根据假设 6.5，可以得出$q_n^{3P*} > q_n^{M*} > q_r^{M*} > q_r^{3P*}$，即同模型 3P 相比，模型 M 总是销售较少的新产品和较多的再制造品，因而模型 M 比模型 3P 绿色。

6.4 多个中间商竞争模型

在实践中，制造商往往通过多个中间商来分销其新产品，因而分别将

模型 M 和模型 3P 扩展成 N 个中间商分销新产品的模型 OM 和模型 O3P。

6.4.1 模型 OM

由于新产品被 N 个中间商分销,因而该模型下新产品和再制造品的逆需求函数为

$$
p_n = 1 - q_{in} - \sum_{j \neq i} q_{jn} - \delta q_r
$$

$$
p_r = \delta (1 - q_{in} - \sum_{j \neq i} q_{jn} - q_r)
$$

(6.7)

式中,q_{in} 是中间商 i 的新产品销售量,而 q_{jn} 则是中间商 j 的新产品销售量。

由于在模型 OM 中,再制造品都由制造商网上直销,因而制造商和中间商 i 的目标函数分别为

$$
\max_{w_{in}} \Pi_M^{OM} = (p_r - c_r) q_r + (w_n - c)(q_{in} + \sum_{j \neq i} q_{jn})
$$

$$
\max_{q_{in}} \pi_{iR}^{OM} = (p_n - w_n - c_n) q_{in}
$$

(6.8)

$$
\max_{q_r} \Pi_M^{OM} = (p_r - c_r) q_r + (w_n - c)(q_{in} + \sum_{j \neq i} q_{jn})
$$

采用逆向递归法,可以得到以下命题。

命题 6.3 模型 OM 中的最优批发价格、销售量和利润归纳为

$$
q_r^{OM*} = \frac{4Nc_r + \delta^2 N + 2\delta^2 + 4c_r - 2\delta Nc_n - 2N\delta c - 2\delta N - \delta Nc_r - 2\delta c_r - 4\delta}{2\delta(3\delta N + 2\delta - 4 - 4N)},
$$

$$
q_{in}^{OM*} = \frac{2(\delta + c + c_n - 1 - c_r)}{3\delta N + 2\delta - 4 - 4N},
$$

$$
w_{in}^{OM*} = \frac{\begin{array}{c} 4Nc_n + 4c_n - \delta^2 N - (4Nc_n + 2c_n - 4N - 2c - Nc_r \\ -2Nc - 2)\delta - 4Nc - 4 - 4N - 4c \end{array}}{2[(3N+2)\delta - 4 - 4N]},
$$

$$
\pi_{iR}^{OM*} = \frac{2(\delta + c + c_n - 1 - c_r)^2 (2 - \delta)}{(3\delta N + 2\delta - 4 - 4N)^2},
$$

$$\Pi_M^{OM*} = \cfrac{\begin{bmatrix} (N-2)\delta^3 + (8Nc_n + 8Nc + 4 + 4c_r - 4N - 2Nc_r)\delta^2 + 4Nc_r^2 \\ + 4c_r^2 + \begin{pmatrix} 4Nc_n^2 + 4Nc^2 - 2c_r^2 - 8c_r + Nc_r^2 - 8Ncc_r \\ + 4N + 8Nc_nc - 8Nc_nc_r - 8Nc_n - 8Nc \end{pmatrix}\delta \end{bmatrix}}{4\delta(4N + 4 - 3\delta N - 2\delta)} \circ$$

证明：将式（6.7）代入制造商利润并求一阶偏导，得 $q_r^{OM*} =$

$$\cfrac{\delta - \delta \sum_{j \neq i} q_{jn} - \delta q_{in} - c_r}{2\delta} \circ$$

将式（6.7）和 q_r^{OM*} 代入函数 $\max\limits_{q_{in}} \cfrac{q_{in}\left(\begin{array}{c} 2 - 2\sum\limits_{j \neq i} q_{jn} - 2q_{in} - \delta + \delta \\ \sum\limits_{j \neq i} q_{jn} + \delta q_{in} + c_r - 2w_{in} - 2c_n \end{array} \right)}{2}$

求一阶偏导，得

$$q_{in}^{OM} = \frac{2 - 2\sum\limits_{j \neq i} q_{jn} + c_r - \delta + \delta \sum\limits_{j \neq i} q_{jn} - 2w_n - 2c_n}{2(2 - \delta)}$$

因为假设 N 个中间商是对称的，则 $\sum\limits_{j \neq i} q_{jn} = (N-1)q_{in}$ 并将其代入

q_{in}^{OM}，可以得到 $q_{in}^{OM*} = \dfrac{2w_{in} + \delta + 2c_n - 2 - c_r}{(\delta - 2)(1 + N)}$；

将式（6.7）、q_r^{OM*} 和 q_{in}^{OM*} 代入制造商利润函数并求一阶偏导，得

$$w_{in}^{OM*} = \frac{\begin{array}{c} 4c_n + 2\delta + 2N\delta c + 2c\delta + 4\delta N + 4Nc_n - 4c - 4Nc - 4 \\ - 2\delta c_n - N\delta^2 - 4N + \delta Nc_r - 4\delta Nc_n \end{array}}{2(3\delta N + 2\delta - 4 - 4N)}$$

将 w_{in}^{OM*} 代入 q_{in}^{OM*}、q_r^{M*}、式（6.8）可得命题6.3。

证明完毕#

6.4.2　模型 O3P

在模型 O3P 中，所有的再制品都通过第三方来分销，因而制造商、第 i 个中间商和第三方的目标函数为

$$\max_{w_{in}, w_r} \Pi_M^{O3P} = w_r q_r + (w_{in} - c)(q_{in} + \sum_{j \neq i} q_{jn})$$

$$\max_{q_{in}} \pi_{iR}^{O3P} = (p_{in} - w_{in} - c_n) q_{in} \qquad (6.9)$$

$$\max_{q_r} \pi_{3P}^{O3P} = (p_r - w_r - c_r) q_r$$

继续使用逆向递归法，可以得到以下命题。

命题 6.4 模型 O3P 中的最优批发价格、销售量和利润归纳为

$$q_r^{O3P*} = \frac{\delta^2 + 2c_r + 2Nc_r - 2\delta - 2\delta Nc_n - 2N\delta c - \delta c_r}{4\delta(\delta - 2)(1 + N)},$$

$$q_{in}^{O3P*} = \frac{\delta + 2c_n + 2c - 2 - c_r}{2(\delta - 2)(1 + N)}, \quad w_{in}^{O3P*} = \frac{1 + c - c_n}{2}, \quad w_r^{O3P*} = \frac{\delta - c_r}{2},$$

$$\pi_{iR}^{O3P*} = \frac{(\delta - 2 - c_r + 2c_n + 2c)^2}{8(1 + N)^2(2 - \delta)},$$

$$\pi_{3P}^{O3P*} = \frac{(\delta^2 + 2c_r + 2Nc_r - 2\delta - 2\delta Nc_n - 2N\delta c - \delta c_r)^2}{16\delta(\delta - 2)^2(1 + N)^2},$$

$$\Pi_M^{O3P*} = \frac{\begin{aligned}[\delta^3 &+ 2(N - c_r - 1 - 2Nc_n - 2Nc)\delta^2 - 2c_r^2 - 2Nc_r^2(8Nc_n - 4Nc^2 \\ &- 4Nc_n^2 + 8Nc - 8Ncc_n + 4Ncc_r + c_r^2 + 4c_r + 4Nc_rc_n - 4N)\delta]\end{aligned}}{8\delta(\delta - 2)(1 + N)} \circ$$

证明： 将式（6.7）代入第三方利润并求一阶偏导，得

$$q_r^{O3P*} = \frac{\delta - \delta\sum_{j \neq i} q_{jn} - \delta q_{in} - w_r - c_r}{2\delta}$$

将式（6.7）和 q_r^{O3P*} 代入零售商的目标函数式（6.9）中有：

$$\max_{q_{in}} \frac{q_{in}(2 - 2\sum_{j \neq i} q_{jn} - 2q_{in} - \delta + \delta\sum_{j \neq i} q_{jn} + \delta q_{in} + c_r + w_r - 2w_{in} - 2c_n)}{2}$$

对其求一阶偏导并求解，得

$$q_{in}^{O3P} = \frac{2 - 2\sum_{j \neq i} q_{jn} + w_r + c_r - \delta + \delta\sum_{j \neq i} q_{jn} - 2w_{in} - 2c_n}{2(2 - \delta)}$$

因为假设市场上的 N 个中间商都是对称的，则 $\sum_{j \neq i} q_{jn} = (N - 1)q_{in}$ 并将

其代入 q_{in}^{O3P}，可以得到

$$q_{in}^{O3P*} = \frac{2w_{in} + \delta + 2c_n - 2 - c_r - w_r}{(\delta - 2)(1 + N)}$$

将式（6.7）代入 q_r^{O3P*} 和 q_{in}^{O3P*} 代入制造商利润函数发现此时的海赛矩阵为负定，表明制造商的利润函数 Π_M^{3P*} 为（w_n，w_r）的联合凹函数，因而存在着唯一的最优解（w_{in}^{O3P*}，w_r^{O3P*}）。并就 w_{in}^{O3P*} 和 w_r^{O3P*} 求一阶偏导后求解，得

$$w_r^{O3P*} = \frac{\delta - c_r}{2}, \quad w_{in}^{O3P*} = \frac{1 + c - c_n}{2}$$

将 w_{in}^{O3P*} 和 w_r^{O3P*} 代入 q_{in}^{O3P*}、q_r^{O3P*} 和式（6.9）可得命题6.4。

证明完毕#

与模型 M 和模型 3P 中一样，对于模型 OM 和模型 O3P 也要求 $0 < q_r < q_{in} + \sum\limits_{j \neq i} q_{jn}$，从而得到以下假设。

假设6.7 为了便于模型 OM 和模型 O3P 的对比分析，假设再制造品的销售成本满足条件：$\dfrac{(4 + 3N\delta + 6Nc - 2N + 6Nc_n - 2\delta)\delta}{3N\delta + 4N + 4 - 2\delta} < c_r < \dfrac{(2Nc + 2 + 2Nc_n - \delta)\delta}{2N + 2 - \delta}$。

需要指出的是，当市场上只有一个中间商（即 $N = 1$）时，假设6.7与假设6.5完全一致。

6.4.3　竞争的影响

当新产品由多个中间商分销时，中间商间的竞争强度对供应链最优结论产生了重要的影响。

结论6.5　在两模型中，制造商的利润均随着中间商数量 N 的增加而增加，即 $\dfrac{\partial \Pi_M^{OM}}{\partial N} > 0$，$\dfrac{\partial \Pi_M^{O3P}}{\partial N} > 0$；中间商的利润却均随着中间商数量 N 的增加而减少，即 $\dfrac{\partial \pi_R^{OM}}{\partial N} < 0$，$\dfrac{\partial \pi_R^{O3P}}{\partial N} < 0$；同样，在模型 O3P 中，第三方的利润

也随着中间商数量 N 的增加而减少，即 $\dfrac{\partial \pi_{3P}^{O3P}}{\partial N} < 0$。

证明：（1）根据命题6.3，可以发现 $\dfrac{\partial \Pi_M^{OM}}{\partial N} = -2\dfrac{(\delta-2)(\delta+c_n+c-c_r-1)^2}{(3N\delta+2\delta-4-4N)^2}$，因为 $0 < \delta < 1$，所以 $\dfrac{\partial \Pi_M^{OM}}{\partial N} > 0$；

根据命题6.4，可以发现 $\dfrac{\partial \Pi_M^{O3P}}{\partial N} = -\dfrac{(\delta-2-c_r+2c_n+2c)^2}{8(\delta-2)(1+N)^2}$，因为 $0 < \delta < 1$，所以 $\dfrac{\partial \Pi_M^{O3P}}{\partial N} > 0$。

（2）根据命题6.3，发现 $\dfrac{\partial \pi_R^{OM}}{\partial N} = 4\dfrac{(\delta+c-1-c_r+c_n)^2(\delta-2)(3\delta-4)}{(3\delta N-4N-4+2\delta)^3}$，因为 $0 < \delta < 1$，所以 $\dfrac{\partial \pi_R^{OM}}{\partial N} < 0$；

根据命题6.4，可以发现 $\dfrac{\partial \pi_R^{O3P}}{\partial N} = \dfrac{(\delta-2-c_r+2c_n+2c)^2}{4(N+1)^3(\delta-2)}$，因为 $0 < \delta < 1$，所以 $\dfrac{\partial \pi_R^{O3P}}{\partial N} < 0$。

（3）根据命题6.3，可以发现 $\dfrac{\partial \pi_{3P}^{O3P}}{\partial N} = \dfrac{(2\delta+2\delta Nc_n+2N\delta c+\delta c_r-\delta^2-2c_r\ -2Nc_r)(2c_n+2c+\delta-2-c_r)}{8(\delta-2)^2(1+N)^3}$，要使 $\dfrac{\partial \pi_{3P}^{O3P}}{\partial N} < 0$，须 $\delta+2c_n+2c-2 < c_r < \dfrac{(\delta-2-2Nc_n-2Nc)\delta}{\delta-2-2N}$，根据假设6.7可知该不等式成立。

证明完毕#

很明显，中间商的利润随着中间商数量 N 的增加而减少符合一般的常识和预期。另外，制造商的利润随着中间商数量 N 的增加而增加也很容易解释：一方面，市场上中间商数量的增加，导致中间商间的竞争趋于激烈，进而使得新产品的市场价格降低，销量增加，即中间商数量的增加有效缓解了他们与制造商间的双重边际效应问题，进而使制造商受益；另一方面，市场上中间商数量的增加，导致市场上的新产品销量增加，进而为再制造提供了更多的原材料，从而使得制造商可以从再制造中获得更多的收益。

结论 6.5 表明，中间商间的竞争对制造商有利，从而很容易得出以下直观结论：随着市场上中间商的增多，制造商将更加愿意投资于再制造营销，以期再制造品的营销成本（c_r）降低，但是研究表明并非如此。

结论 6.6 （1）在模型 OM 和模型 O3P 中，随着中间商数量 N 的增加，制造商往往不愿意投资于再制造品的营销以降低再制造品的营销成本（c_r），即 $\dfrac{\partial^2 \Pi_M^{OM}}{\partial N \partial c_r} > 0$，$\dfrac{\partial^2 \Pi_M^{O3P}}{\partial N \partial c_r} > 0$；

（2）在模型 OM 和模型 O3P 中，随着中间商数量 N 的增加，中间商往往不愿意投资于新产品的销售以降低新产品营销成本（c_n），即 $\dfrac{\partial^2 \pi_R^{OM}}{\partial N \partial c_n} > 0$，$\dfrac{\partial^2 \pi_R^{O3P}}{\partial N \partial c_n} > 0$；

（3）在模型 O3P 中，随着中间商数量 N 的增加，第三方往往不愿意投资于再制造品的营销以降低再制造品的营销成本（c_r），即 $\dfrac{\partial^2 \pi_{3P}^{O3P}}{\partial N \partial c_r} > 0$。

证明：（1）根据结论 6.5，有 $\dfrac{\partial^2 \Pi_M^{OM}}{\partial N \partial c_r} = 4 \dfrac{(\delta - 2)(\delta + c_n - c_r - 1 + c)}{(3\delta N + 2\delta - 4 - 4N)^2}$，因为 $0 < \delta < 1$，所以 $\dfrac{\partial^2 \Pi_M^{OM}}{\partial N \partial c_r} > 0$ 等同于 $c_r > \delta + c_n + c - 1$，由假设 6.7 可知，该不等式成立。

根据结论 6.5，有 $\dfrac{\partial^2 \Pi_M^{O3P}}{\partial N \partial c_r} = \dfrac{\delta + 2c_n + 2c - 2 - c_r}{4(\delta - 2)(1 + N)^2}$，因为 $0 < \delta < 1$，所以 $\dfrac{\partial^2 \Pi_M^{O3P}}{\partial N \partial c_r} > 0$ 等同于 $c_r > \delta + 2c_n + 2c - 2$，由假设 6.7 可知，该不等式成立。

（2）根据结论 6.5，有 $\dfrac{\partial^2 \pi_R^{OM}}{\partial N \partial c_n} = \dfrac{4(\delta + c - 1 - c_r + c_n)^2 (\delta - 2)(3\delta - 4)}{(3\delta N - 4N - 4 + 2\delta)^3}$，

因为 $0 < \delta < 1$，所以 $\dfrac{\partial^2 \pi_R^{OM}}{\partial N \partial c_n} > 0$；

根据结论 6.5，有 $\dfrac{\partial^2 \pi_R^{O3P}}{\partial N \partial c_n} = \dfrac{\delta - 2 - c_r + 2c_n + 2c}{(N+1)^3 (\delta - 2)}$，因为 $0 < \delta < 1$，所以

$\dfrac{\partial^2 \pi_R^{O3P}}{\partial N \partial c_n} > 0$ 等同于 $c_r > \delta + 2c_n + 2c - 2$，由假设 6.7 可知，该不等式成立。

（3）根据结论 6.5，有 $\dfrac{\partial^2 \pi_{3P}^{O3P}}{\partial N \partial c_r} = \dfrac{\begin{aligned}[\delta^2 - 3\delta - \delta c_r + \delta c_n + \delta c + 2 - N\delta + 2N + 2Nc_r \\ -2Nc_n - 2Nc - N\delta c + 2c_r - 2c_n - 2c - N\delta c_n]\end{aligned}}{4(\delta - 2)^2 (N+1)^3}$，

因为 $0 < \delta < 1$，所以 $\dfrac{\partial^2 \pi_{3P}^{O3P}}{\partial N \partial c_r} > 0$ 等同于 $c_r > \dfrac{\begin{aligned}\delta^2 - 3\delta + \delta c_n + \delta c + 2 - 2c_n - 2c - N\delta \\ + 2N - 2Nc_n - 2Nc - \delta Nc_n - \delta Nc\end{aligned}}{\delta - 2 - 2N}$，

由假设 6.7 可知，该不等式成立。

证明完毕#

很明显，由于中间商和第三方的利润均随着中间商数量 N 的增加而减少，因而中间商和第三方的投资意愿随着中间商数量 N 的增加而减少符合一般经验和预期。但是，结论 6.6 表明，制造商的投资意愿也随着中间商数量 N 的增加而减少。对此可以解释如下：随着市场上中间商的数量增加，他们与制造商间的双重边际效应减缓，制造商从新产品处获取的利润增加（详见结论 6.5），因而为了减轻再制造品对新产品的冲击，制造商不愿意更多投资于再制造品的营销。另外，由于新产品的增加，意味着再制造品的原材料增多，因而制造商也没有必要投资于再制造品的营销。

在模型 M 和模型 3P 中，假设单位新产品对环境的影响大于单位再制造品对环境的影响，即 $i_n > i_r$；为了进一步简化，在模型 OM 和模型 O3P 中，类似熊等[129]，进一步假设 $i_n = 1$，而 $i_r = 0$，从而可以得以下结论。

结论 6.7 模型 OM 总是比模型 O3P 绿色，即 $E^{OM} < E^{O3P}$；而且随

着市场上中间商数量 N 的增加，模型 OM 愈发比模型 O3P 绿色，即 $\dfrac{\partial(E^{OM}-E^{O3P})}{\partial N}<0$。

证明：因为假设 $i_n=1$，$i_r=0$，所以 $e_n=i_n(q_n-q_r)=q_n-q_r$ 和 $e_r=i_rq_r=0$。

从而得到：$E^{OM}=q_{in}^{OM}+\sum\limits_{j\neq i}q_{jn}^{OM}-q_r^{OM*}$，$E^{O3P}=q_{in}^{O3P}+\sum\limits_{j\neq i}q_{jn}^{O3P}-q_r^{O3P*}$。

（1）要使 $E^{OM}-E^{O3P}<0$，即要求

$$c_r<\frac{\delta(8+6\delta N^2c_n+6\delta N^2c-N\delta^2+2\delta^2+16N-6\delta N-8\delta-4N^2\delta+8N^2)}{2\delta N^2-\delta^2 N+8-6N\delta+16N-8\delta+2\delta^2+8N^2},$$

根据假设 6.7，可知该不等式成立。

（2）根据（1）的证明，可以发现

$$
\begin{aligned}
\frac{\mathrm{d}(E^{OM}-E^{O3P})}{\mathrm{d}N}=&\frac{\begin{array}{l}(12N^2c_n+12+12Nc+12N+12N^2c\\ \quad +6N^2c_r+12Nc_n+18Nc_r+12c_r)\delta\end{array}}{[(3N+2)\delta-4-4N]^2(\delta-2)(1+N)^2}\\
&+\frac{\begin{array}{l}(3/2N^2+3/4N^2c_r-6Nc-12-15/2N^2c_n\\ \quad -15/2N^2c-3c_r-6Nc_n-3Nc_r-12N)\delta^2\end{array}}{[(3N+2)\delta-4-4N]^2(\delta-2)(1+N)^2}\\
&+\frac{(3+3N-3/4N^2)\delta^3-24Nc_r-12N^2c_r-12c_r}{[(3N+2)\delta-4-4N]^2(\delta-2)(1+N)^2}
\end{aligned}
$$

因为 $0<\delta<1$，所以要使 $\dfrac{\mathrm{d}(E^{OM}-E^{O3P})}{\mathrm{d}N}<0$ 就要求

$$c_r<\delta(-16-16Nc+10\delta N^2c_n-16N^2c_n+16\delta N+16\delta+10c\delta N^2$$
$$+8\delta Nc_n-16N^2c+8\delta Nc-4N\delta^2+\delta^2 N^2-16Nc_n-4\delta^2-16N-2\delta N^2)$$
$$(\delta^2 N^2+8\delta N^2-4\delta^2 N-16+24\delta N-32N+16\delta-4\delta^2-16N^2)^{-1}，根$$

据假设 6.7，可知该不等式成立。

证明完毕#

同结论 6.4 一致，结论 6.7 表明，通过制造商的网络渠道销售再制造品将比通过第三方来销售再制造品更加绿色，即 $E^{OM}<E^{O3P}$。与此同时，

结论 6.7 还发现，随着中间商数量 N 的增加，模型 OM 愈发比模型 O3P 绿色。对此可以解释如下：一方面，由于在销售再制造品时，第三方与制造商间存在双重边际效应，因而随着中间商的增多，造成再制造品的原材料获得更加便捷，进而使得再制造品的销量也增加，从而导致双重边际效应越发明显；而另一方面，同模型 O3P 相比，在模型 OM 中，面对制造商直销的竞争，中间商新产品销售数量的增加比模型 O3P 中小。综上所述，可以得到 $\dfrac{\partial(E^{OM}-E^{O3P})}{\partial N}<0$，即模型 OM 比模型 O3P 更加绿色。

6.5　本 章 小 结

包括苹果、佳能、惠普、联想和松下在内的制造商均采用不同的双渠道模式来营销其再制造品，现有文献却较少涉及再制造品营销渠道对供应链成员的利润和生态环境的影响。因而，从现有实践背景出发，本章建立了制造商通过独立中间商分销新产品的同时，采用网络渠道来直销再制造品和将再制造品交由第三方来销售的两个双渠道模型，探究了上述两种渠道结构对供应链成员利润和生态环境的影响。

为了揭示在不同双渠道结构下再制造品营销的管理意义，对比分析了上述两个模型，并得到了一些有趣的结论。其中最主要的是，尽管制造商采用网络渠道来直销再制造品总是比通过第三方来分销再制造品绿色，但制造商和中间商却没有动力来采用该渠道模式，因为同第三方分销再制造品的模式相比，当制造商采用网络渠道来直销再制造品时，制造商和中间商的利润均比采用第三方分销再制造品时的利润小。更进一步，将上述两个模型扩展到多个中间商分销新产品的情形，发现通过网络渠道来直销再制造品仍然比通过第三方来分销再制造品绿色，而且随着市场上中间商数量的增多，制造商采用网络渠道来直销再制造品的模式愈发比通过第三方来分销再制造品的模型绿色。

我们的模型研究所获得的管理启示为当前耐用品再制造领域的研究提供了有益补充，同时也为当前各国纷纷出台环境法规来约束和鼓励企业再制造的行为提供了新的分析视觉，所以本章的结论不仅为相关企业的再制造品营销提供了管理启示，也为政府和相关环境团体的政策法规的制定和优化提供必要的参考。

第 7 章　结论与研究展望

7.1　结论及其管理启示

随着科技的进步和互联网的发展，越来越多的制造商在采用传统渠道销售产品的同时，增加了网上直销这一全新的营销渠道，从而形成了传统分销渠道与网络直销渠道并存的双渠道供应链模式。这一趋势在耐用品制造企业尤其明显。需要指出的是，由于耐用品具有使用寿命较长且兼具资产性等特点，因而与非耐用品制造商不同，制造商在营销耐用品时往往面临产品耐用度、租赁与销售策略和再制造品影响等因素的干扰。鉴于此，本书在前人研究的基础上，结合耐用品的相关特征，建立了双渠道供应链中耐用品营销的三个模型，从三个不同的侧面对耐用品的双渠道营销问题进行了理论分析。因而，本书的研究既补充了现有双渠道供应链的研究不足，又延伸了耐用品领域的研究触角。

本书的主要研究结论及其管理启示总结如下。

（1）在第 3 章中，建立了中间商分销与制造商网上直销并存的两周期的双渠道营销模式，考虑了产品耐用度这一因素；讨论了耐用品制造商是否应当通过网络渠道来直销产品的这一战略问题。研究发现，在一定条件下，制造商的最优策略将是开通一个不被激活的直销渠道，即其开通直销渠道但不销售产品所带来的利润大于其在产品直销情况下的利润；这一发现为我们理解双渠道实践中的一些有趣现象提供了新的视角。另外，研究发现，中间商的利润大小及其能否从制造商直销中受益不仅取决于直销成本而且与产品耐用度有很大关系，特别是，当产品的耐用度适中时，在任何的直销成本下，直销渠道的开通总是对中间商不利。因而，在是否开通直销渠道这一战略问题上，耐用品制造商不仅应该考虑直销成本和产品耐用度等因素，而且应当比非耐用品制造商更加谨慎。

（2）在第4章中，构建的两个模型都是基于零售商层面的不同渠道模型，一个是由同时拥有线上线下两种渠道形式的单一渠道模型，另一个则由各自拥有一条实体渠道和一条网络渠道的两个零售商组成的双渠道模型。在这两个不同渠道模式下，分别探讨了制造商的最优产品质量选择策略，主要结果显示，不同的渠道选择策略下制造商有着不同的最优产品质量选择，供应链各方也呈现出不同的利润表现。特别是，制造商对产品质量差异化程度的调节在不同模型中具有不同含义。在一个零售商模型中，由于中间市场只有一个零售商的存在，制造商对高低质量产品的质量差异设置影响两个产品间的可替代程度，产品间的可替代性越小，低质量产品对高质量产品的侵蚀越弱，因此往往制造商会加大两种产品的质量差距；而在两个零售商模型中，产品质量水平的差异不仅影响产品间的可替代性，还决定了两个零售商间的竞争强度。越大的质量差距意味着低质量产品对高质量产品的侵蚀越小，但不利于保持两个零售商之间适度的竞争关系，因此制造商在两个模型中对质量差异化程度的最优设置是对产品间竞争和企业间竞争的权衡，相较于一个零售商策略，两个零售商模型中的产品质量差异度较小。另外，在双销售模式下，制造商在两个模型中的利润差距随着销售成本的增大而缩小，零售商和整个供应链在两个模型中的利润比较相对于销售成本来说存在最高点。所以在这个程度上来说，零售商销售成本并非越小越好。

（3）在第5章中，进一步考虑了制造商的网络直销对中间商租赁与销售策略的影响，对比分析了中间商租赁与销售策略时的单一传统渠道和双渠道营销渠道模式。研究发现，在单一的传统渠道中，为了避免"时间不一致"问题，市场的垄断者（中间商）对消费者采取纯租赁策略，从而验证了科斯猜想的正确。但是，在双渠道供应链中，为了应对来自制造商的网络直销的冲击，中间商放弃了单一传统渠道中的纯租赁策略，转而随着直销成本的变化，在纯租赁、纯销售、租赁和销售并存等策略间进行策略性选择；显然，这一结论表明市场结构与竞争性质的不同是科斯猜想是否成立的重要影响因素。另外，我们发现制造商会在双渠道供应链的第一（二）周期的所有（大部分）区域中设置较低的批发价格，因而导致在一定条件下，即使面对直销渠道的产品竞争，中间商仍然获益于制造商直销渠道的开通。毫无疑问，上述发现既补充了双渠道供应链方面的研究又将传统的耐用品营销问题拓展到了双渠道供应链领域。而从实践来看，这一结论也为耐用品制造商的双渠道实践提供了新的策略选择和管理启示。

（4）第 6 章考虑耐用品的新产品和再制造品并存的双渠道供应链模型，即研究了耐用品的再制造品双渠道营销问题：在新产品由中间商在传统渠道中分销的条件下，对比分析了再制造品由制造商网上直销或第三方分销两种营销模式。本章不仅考虑了耐用品的不同双渠道营销模式对供应链成员利润的影响，而且分析了这些营销模式的环境绩效，并得到了一些有趣的结论。其中最主要的是，尽管制造商通过网络渠道来直销再制造品总是比通过第三方来分销再制造品绿色，但制造商和中间商却没有动力来采用该双渠道模式，因为同第三方分销再制造品的模式相比，当制造商通过网络渠道来直销再制造品时，制造商和中间商的利润都比通过第三方来分销再制造品时的利润小。更进一步，将上述两种模型扩展到多个中间商分销新产品的情形，发现通过网络直销再制造品仍然比通过第三方来销售再制造品绿色；而且随着市场上中间商数量的增多，再制造品网络直销愈发比再制造品第三方分销绿色。本章的结论不仅为相关企业的再制造品营销提供了管理启示，也为政府和相关环境团体的政策法规的制定与优化提供必要的参考。

7.2 未来研究方向

随着科技的进步和互联网的发展,越来越多的制造商在采用传统渠道营销产品的同时,增加了网上直销这一营销渠道,从而形成了传统分销渠道与网上直销渠道并存的双渠道供应链模式,这一趋势在耐用品制造企业尤其明显。需要指出的是,由于耐用品具有使用寿命较长且兼具资产性等特点,因而不同于非耐用品,制造商在营销耐用品时往往面临产品耐用度、租赁与销售策略和再制造品的影响等因素干扰,本书仅对其中的部分典型问题进行了初步研究和探讨,其局限性体现在以下几个方面。

(1)与德赛和普罗希特[92,93]一致,第 3 章在假设产品耐用度为外生变量的情况下考虑它对供应链成员的最优价格、最优利润和渠道选择策略的影响,并得出了数个较有意义的结论。需要指出的是,自从斯旺[83,84]将产品耐用度作为制造商的决策变量进行了建模分析,并提出了最优耐用度理论。自此以后,耐用度及其选择问题一直是耐用品研究领域的热点问题之一。显然与本书不同,斯旺[83,84]都假设制造商可以根据自己的需要来选择产品的耐用程度,那么在双渠道供应链中,制造商对自身产品的耐用度选择问题也应当值得注意。

(2)为了集中研究双渠道下的耐用品营销特性,本书假设中间商一直处在传统渠道中充当分销产品的角色,尽管这一假设在双渠道供应链中非常普遍(见特塞和阿格拉瓦[46];但斌等[68]和陈等[132]),但是,一个不可忽视的事实是,为了应对来自制造商的网上直销和适应消费者的消费行为的改变,越来越多的中间商,特别是以电子产品为代表的耐用品中间商,如国美、苏宁等都纷纷开通了网上直销渠道,那么耐用品制造商和中间商间的网络渠道竞争问题应该是一个有趣而又研究价值极高的问题。

(3)本书的研究都建立在制造商为斯塔克尔伯格博弈领导者这一假

设前提之上，并从制造商利润最大化的角度分析了最优的批发价格、销量和渠道决策等。尽管这一假设也与包括但等[3]、陈树桢[6]、阿亚等[25]和陈等[132]大多数现有双渠道方面的研究一致，而目前的实践来看，往往是中间商特别是大型的中间商牢牢地控制着消费者市场，因而他们在同制造商的博弈过程中并不一定是博弈的跟随者，其中一些大型中间商甚至是该博弈的领导者。例如，美国的 Costco 和 Sam's Club 就占据整个美国购物俱乐部的九成份额，因而他们的行为往往可以左右制造商的生产计划、配送和渠道选择等。那么中间商作为博弈主导者的双渠道营销活动也应当是一个值得进一步研究的议题和方向。

（4）由于一些耐用品，如汽车、高端设备和电器等在家庭财富中占有较大比重，而且其作为一种资产，耐用品消费的利率弹性较大；并由于耐用品提供效用的持续性，消费者可以根据经济的景气状况调整对耐用品购买或更新时间；也就是说，相对于非耐用消费品，耐用品的消费对经济波动的需求弹性更大，即与经济周期波动更紧密地联系在一起[8]。显然，考虑经济周期波动和消费者财政状况变化等情况对耐用品双渠道供应链的影响也是可行的方向之一。

（5）从更加广阔的角度来看，本书仅对双渠道供应链下耐用品营销方面的几个典型问题进行了研究。事实上，双渠道下耐用品营销的研究议题众多，其中最为突出的应当是双渠道供应链下耐用品的计划废弃问题研究。而且，从耐用品当前实践来看，计划废弃被众多耐用品厂商采用。例如，苹果、三星、联想和惠普等公司就经常采用软件升级，硬件不断更新换代等方式来有计划地废弃消费者手头的产品，从而促使消费者不断地重复购买和更新。显然，对双渠道供应链下的耐用品计划废弃等诸多其他问题的研究既有理论意义也是现实所需。

附　录

两个命题的证明

附录 A　命题 3.2 的证明

备注：所有的参数都是非负数。为了便于理解本命题的证明过程和管理意义，先将双渠道中供应链成员的决策顺序和支付函数表述如附图 A1 所示：在第一周期的阶段 A 中，制造商向中间商宣布批发价格（w_{1k}），并获得支付函数为 $f(Ak)$。在阶段 B 中，中间商根据制造商的批发价格（w_{1k}）来确定其最优订购量 q_{1Rl}，进而其支付函数为 $f(Bl \mid Ak)$。在阶段 C 中，制造商将已经最优的批发价格（w_{1k}）和订购量（q_{1Rl}）来选择直销数量（q_{1Mm}），并获得支付函数 $f(Cm \mid Ak, Bl)$。随后进入第二周期博弈，在阶段 D 中，制造商向中间商宣布批发价格（w_{2n}），并获得支付函数为 $f(Dn \mid Ak, Bl, Cm)$。在阶段 E 中，中间商选择最优订购量 q_{2Ro}，进而其支付函数为 $f(Eo \mid Ak, Bl, Cm, Dn)$。在阶段 F 中，制造商选择直销数量（$q_{2Mp}$），并获得支付函数 $f(Fp \mid Ak, Bl, Cm, Dn, Eo)$。

其中，A、B、C、D、E 和 F 分别表示阶段 A、B、C、D、E 和 F，而变量 k、l、m、n、o 和 p 则代表供应链成员分别在对应阶段中选 k、l、m、n、o 和 p 策略。

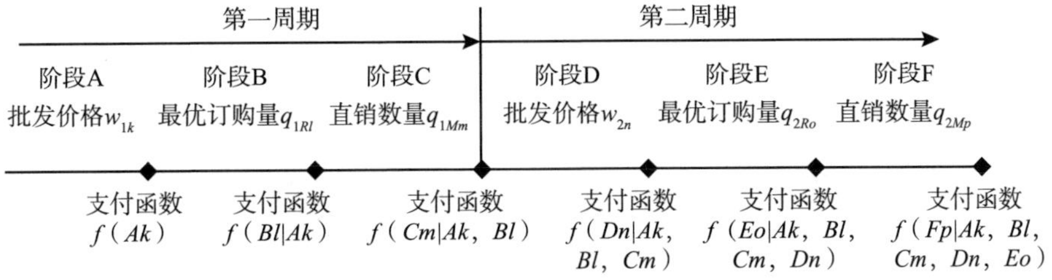

附图 A1　决策顺序和支付函数

采用逆向递归法求解。将式（3.6）代入制造商的目标函数（3.7），从而可以将制造商的目标函数改写成

$$\max_{q_{2M}} \Pi_2^d(q_{2M}, q_{2R}, w_2) = \left[1 - \gamma(q_{1R} + q_{1M}) - q_{2M} - q_{2R}\right]q_{2M} + w_2 q_{2R} - cq_{2M}$$

$$\text{s. t. } q_{2M} \geqslant 0$$

由上式可以得到以下的 KT 条件：

$$\frac{\partial L}{\partial q_{2M}} = 1 - 2q_{2M} - \gamma q_{1M} - q_{2R} - \gamma q_{1R} - c + \lambda$$

$$\lambda q_{2M} = 0$$

根据 λ 的取值，可以得到

$$F1: \lambda = 0, \quad q_{2M}^{d*} = \frac{1 - \gamma q_{1R} - \gamma q_{1M} - q_{2R} - c}{2};$$

$$F1: \lambda = c + q_{2R} + \gamma q_{1M} + \gamma q_{1R} - 1, \quad q_{2M}^{d*} = 0。$$

现在考虑在策略 F1 下中间商的最优销售量。将式（3.6）和 q_{2M}^{d*} 代入中间商的目标函数（3.8），可以得到以下 KT 条件：

$$\frac{\partial L}{\partial q_{2R}} = \frac{1 + c - 2q_{2R} - \gamma q_{1R} - \gamma q_{1M} - 2w_2 - \lambda_1}{2} + \lambda_2$$

$$\lambda_1 \frac{1 - \gamma q_{1R} - \gamma q_{1M} - c}{2} = 0$$

$$\lambda_2 q_{2R} = 0$$

根据 λ_1 和 λ_2 的取值不同，可以得到

$$F1E1: \lambda_1 = \lambda_2 = 0, \quad q_{2R} = \frac{1 + c - \gamma q_{1R} - \gamma q_{1M} - 2w_2}{2};$$

F1E2：$\lambda_1 = \gamma q_{1R} + \gamma q_{1M} + 3c - 2w_2 - 1$，$\lambda_2 = 0$，$q_{2R} = 1 - \gamma q_{1R} - \gamma q_{1M} - c$；

F1E3：$\lambda_1 = 0$，$\lambda_2 = \dfrac{\gamma q_{1R} + \gamma q_{1M} + 2w_2 - c - 1}{2}$，$q_{2R} = 0$。

下面开始考虑在策略 F1E1 下，制造商的批发价格问题，将式（3.6）q_{2R}^{d*} 和 q_{2M}^{d*} 代入式（3.7），显然，此时制造商的目标函数受 $q_{2R} = \dfrac{1 + c - \gamma q_{1R} - \gamma q_{1M} - 2w_2}{2} \geq 0$ 和 $w_2 \geq 0$ 约束，因而，可以得到

$$\frac{\partial L}{\partial w_2} = \frac{3 - 6w_2 - c - 3\gamma q_{1R} - 3\gamma q_{1M}}{4} - \lambda_1 + \lambda_2$$

$$\lambda_1 \frac{1 + c - \gamma q_{1R} - \gamma q_{1M} - 2w_2}{2} = 0$$

$$\lambda_2 w_2 = 0$$

求解上述方程组，可以得到四个解，但是只有其中两个解符合非负的约定。

F1E1D1：$\lambda_1 = \lambda_2 = 0$，$w_2 = \dfrac{3 - c - 3\gamma q_{1R} - 3\gamma q_{1M}}{6}$；

F1E1D3：$\lambda_1 = 0$，$\lambda_2 = \dfrac{c - 3 + 3\gamma q_{1R} + 3\gamma q_{1M}}{4}$，$w_2 = \dfrac{3 - c - 3\gamma q_{1R} - 3\gamma q_{1M}}{6}$；

下面来考虑在策略 F1E1D1 下的制造商在第一周期中的直销数量问题。将 q_{2R}^{d*}、q_{2M}^{d*} 和 w_2^{d*} 代入式（3.9），而且，代入后的式（3.9）必须受 $q_{1M}^{d*} \geq 0$ 和 $w_2 = \dfrac{3 - c - 3\gamma q_{1R} - 3\gamma q_{1M}}{6} \geq 0$ 的约束，从而可以得到

$$\frac{\partial L}{\partial q_{1M}} = \frac{9\gamma^2 q_{1M} - 2q_{1M} - c + 1 - 2\gamma q_{1M} + 4c\gamma - 6q_{1R} + 6\gamma^2 q_{1R} - 6\gamma q_{1R} - 3\gamma\lambda_2}{6} + \lambda_1$$

$$\lambda_1 q_{1M} = 0$$

$$\lambda_2 \frac{3 - c - 3\gamma q_{1R} - 3\gamma q_{1M}}{6} = 0$$

求解上述方程组，可得下列解满足非负约定：

F1E1D1C1：$\lambda_1 = \lambda_2 = 0$，$q_{1M} = \dfrac{2(3 + 2c\gamma + 3\gamma^2 q_{1R} - 3\gamma q_{1R} - 3c - 3q_{1R})}{3(4 + 4\gamma - 3\gamma^2)}$；

F1E1D1C2：$\lambda_1 = \dfrac{3\gamma q_{1R} - 2c\gamma + 3c - 3 + 3q_{1R} - 3\gamma^2 q_{1R}}{3}$，$\lambda_2 = 0$，$q_{1M} = 0$；

F1E1D1C3：$\lambda_1 = 0$，$\lambda_2 = \dfrac{c\gamma^2 + 6\gamma q_{1R} - 2c\gamma - 6\gamma - 3\gamma^3 q_{1R} + 6\gamma^2 q_{1R} + 9\gamma^2 + 4c - 12}{3\gamma^2}$，

$q_{1M} = \dfrac{\gamma(3 - c - 3\gamma q_{1R})}{3}$；

下面考虑在策略 F1E1D1C1 下，中间商的销售量。将 q_{2M}^{d*}、q_{2R}^{d*}、w_2^{d*} 和 q_{1M}^{d*} 代入式（3.10），而且，代入后的式（3.10）必须受 $q_{1M}^{d*} \geq 0$ 和 $q_{1R} \geq 0$ 的约束，从而可以得到

$$\frac{\partial L}{\partial q_{1R}} = \frac{\begin{aligned}[72q_{1R} + 72w_1 - 72\gamma - 24c\gamma - 36 - 3c\gamma^3 + 144\gamma q_{1R} - 36c - 72\gamma^3 q_{1R} \\ + 18\gamma^4 q_{1R} + 27\gamma^3 + 30c\gamma^2 - 54w_1\gamma^2 + 72\gamma w_1]\end{aligned}}{54\gamma^2 - 72 - 72\gamma}$$

$$+ \lambda_1 \frac{2(3\gamma^2 - 3\gamma - 3)}{3(4\gamma + 4 - 3\gamma^2)}$$

$$+ \lambda_2\lambda_1 \frac{2(3 + 2c\gamma + 3\gamma^2 q_{1R} - 3\gamma q_{1R} - 3c - 3q_{1R})}{3(4 + 4\gamma - 3\gamma^2)} = 0$$

$$\lambda_2 q_{1R} = 0$$

求解上述方程组，可以得到以下三个解满足非负要求：

F1E1D1C1B1：$q_{1R} = \dfrac{\begin{aligned}24\gamma - 24w_1\gamma - 24w_1 + 8c\gamma + 12 - 9\gamma^3 + 12c \\ - 10c\gamma^2 + 18w_1\gamma^2 + c\gamma^3\end{aligned}}{6(4 + 8\gamma - 4\gamma^3 + \gamma^4)}$，$\lambda_1 = \lambda_2 = 0$；

F1E1D1C1B2：$\lambda_1 = \dfrac{\begin{aligned}[12\gamma - 12\gamma^2 - 52c\gamma + 9\gamma^3 - 9\gamma^5 + 46c\gamma^2 + 15\gamma^4 + 24w_1 + 48w_1\gamma \\ + 5c\gamma^5 - 42w_1\gamma^3 - 18w_1\gamma^2 - 33c\gamma^4 + 12 + 18w_1\gamma^4 - 36c + 41c\gamma^3]\end{aligned}}{12(2\gamma^3 - \gamma^4 - 2\gamma + \gamma^2 - 1)}$，

$\lambda_2 = 0$，$q_{1R} = \dfrac{\begin{aligned}24\gamma - 24w_1\gamma - 24w_1 + 8c\gamma + 12 - 9\gamma^3 \\ + 12c - 10c\gamma^2 + 18w_1\gamma^2 + c\gamma^3\end{aligned}}{6(4 + 8\gamma - 4\gamma^3 + \gamma^4)}$；

F1E1D1C1B3：$\lambda_1 = 0$，$q_{1R} = 0$，$\lambda_2 = -\dfrac{\begin{aligned}24\gamma - 24w_1\gamma - 24w_1 + 8c\gamma + 12 - 9\gamma^3 \\ + 12c - 10c\gamma^2 + 18w_1\gamma^2 + c\gamma^3\end{aligned}}{6(4 + 8\gamma - 4\gamma^3 + \gamma^4)}$；

现在考虑在策略 F1E1D1C1B1 下，制造商的批发价格策略。将 q_{2M}^{d*}、q_{2R}^{d*}、w_2^{d*}、q_{1M}^{d*} 和 q_{1R}^{d*} 代入式（3.9）可得

$$\frac{\partial L}{\partial w_1} = \frac{\begin{bmatrix} 108c\gamma^5 - 5184\gamma + 1296\gamma^4 + 432c\gamma^2 + 3888\gamma^3 - 1296c\gamma^3 + 72c\gamma^4 + 3456w_1 \\ + 1944w_1\gamma^4 - 1728w_1\gamma^2 + 576c + 6912w_1\gamma - 5184w_1\gamma^3 - 1728c\gamma - 972\gamma^5 \end{bmatrix}}{144(3\gamma+2)(\gamma-2)(\gamma^2-2\gamma-2)^2}$$

$$+ \lambda_1 \frac{18\gamma^2 - 24\gamma - 24}{3(8\gamma - 4\gamma^3 + \gamma^4 + 4)} + \lambda_2\lambda_1 \frac{\begin{array}{c} 24\gamma - 24w_1\gamma - 24w_1 + 8c\gamma + 12 - 9\gamma^3 \\ + 12c - 10c\gamma^2 + 18w_1\gamma^2 + c\gamma^3 \end{array}}{6(4 + 8\gamma - 4\gamma^3 + \gamma^4)} = 0$$

$$\lambda_2 w_1 = 0$$

求解上述方程组，有两个解符合非负的要求。

F1E1D1C1B1A1：$\lambda_1 = \lambda_2 = 0$，$w_1 = \dfrac{9\gamma^3 - c\gamma^3 - 2c\gamma^2 + 8c\gamma - 24\gamma + 4c - 12}{6(3\gamma^2 - 4\gamma - 4)}$；

F1E1D1C1B1A3：$\lambda_1 = 0$，$\lambda_2 = \dfrac{9\gamma^3 - c\gamma^3 - 2c\gamma^2 + 8c\gamma - 24\gamma + 4c - 12}{4(4 + 8\gamma - 4\gamma^3 + \gamma^4)}$，$w_1 = 0$。

将 F1E1D1C1B1A1 和 F1E1D1C1B1A3 归纳如下：

F1E1D1C1B1A1

$$q_{2M}^{d*} = \frac{9\gamma^4 - 11c\gamma^4 + 42c\gamma^3 - 24\gamma^3 + 6c\gamma^2 - 18\gamma^2 + 36\gamma - 76c\gamma - 40c + 24}{18\gamma^4 - 60\gamma^3 - 12\gamma^2 + 96\gamma + 48},$$

$$q_{2R}^{d*} = \frac{2c}{3},$$

$$W_2^{d*} = \frac{c\gamma^4 + 9\gamma^4 - 24\gamma^3 + 2c\gamma^3 - 2c\gamma^2 - 18\gamma^2 - 12c\gamma + 36\gamma - 8c + 24}{18\gamma^4 - 60\gamma^3 - 12\gamma^2 + 96\gamma + 48},$$

$$q_{1M}^{d*} = \frac{2(22c\gamma^2 + 26c\gamma^3 - 32c\gamma - 17c\gamma^4 + 2\gamma^5 c - 20c + 12 + 24\gamma - 12\gamma^3 + 3\gamma^4)}{3(2 + 2\gamma - \gamma^2)^2(3\gamma + 2)(2 - \gamma)},$$

$$q_{1R}^{d*} = \frac{2(3\gamma + 2)(2 - \gamma)}{3(2 + 2\gamma - \gamma^2)^2},$$

$$w_1^{d*} = \frac{9\gamma^3 - c\gamma^3 - 2c\gamma^2 + 8c\gamma - 24\gamma + 4c - 12}{6(3\gamma^2 - 4\gamma - 4)}。$$

F1E1D1C1B1A3

$$q_{2M}^{d*} = \frac{27\gamma^4 - 23c\gamma^4 + 82c\gamma^3 - 48\gamma^3 - 60\gamma^2 + 20c\gamma^2 - 148c\gamma + 60\gamma - 80c + 48}{12(\gamma^2 - 2 - 2\gamma)(3\gamma + 2)(\gamma - 2)},$$

$$q_{2R}^{d*} = \frac{2c}{3},$$

$$W_2^{d*} = \frac{c\gamma^4 + 27\gamma^4 - 48\gamma^3 + 2c\gamma^3 - 60\gamma^2 + 4c\gamma^2 - 20c\gamma + 60\gamma + 48 - 16c}{12(\gamma^2 - 2 - 2\gamma)(3\gamma + 2)(\gamma - 2)},$$

$$q_{1M}^{d*} = \frac{\begin{array}{c}36c - 12 + 9\gamma^5 - 5\gamma^5 c - 41c\gamma^3 - 9\gamma^3 - 12\gamma \\ + 52c\gamma - 46c\gamma^2 + 12\gamma^2 + 33c\gamma^4 - 15\gamma^4\end{array}}{3(2 + 2\gamma - \gamma^2)^2(3\gamma + 2)(\gamma - 2)},$$

$$q_{1R}^{d*} = \frac{24\gamma + 8c\gamma + 12 - 9\gamma^3 + 12c - 10c\gamma^2 + c\gamma^3}{6(\gamma^2 - 2\gamma - 2)^2},$$

$$w_1^{d*} = 0。$$

采用类似方法求解 F1E1D1C1B2 – 3、F1E1D1C2 – 3、F1E1D3、F1E2 – 3、F2 可得下列解满足非负约定。

F1E1DC1B2A

$$q_{2M}^{d*} = \frac{(\gamma + 1)(3\gamma - 3c\gamma + 5c - 3)}{6(\gamma^2 - \gamma - 1)},$$

$$q_{2R}^{d*} = \frac{2c}{3},$$

$$W_2^{d*} = \frac{(\gamma - 1)(3\gamma + c\gamma - c + 3)}{6(\gamma^2 - \gamma - 1)},$$

$$q_{1M}^{d*} = 0,$$

$$q_{1R}^{d*} = \frac{2c\gamma - 3c + 3}{3(1 + \gamma - \gamma^2)},$$

$$w_1^{d*} = \frac{\begin{array}{c}(9 - 5c)\gamma^5 + (33c - 15)\gamma^4 - (41c + 9)\gamma^3 \\ + (12 - 46c)\gamma^2 + (52c - 12)\gamma + 36c - 12\end{array}}{6(4 + 3\gamma^4 - 7\gamma^3 - 3\gamma^2 + 8\gamma)}。$$

F1E1DC1B3A

$$q_{2M}^{d*} = \frac{1}{2} + \frac{\gamma(2c\gamma - 3c + 3)}{(3\gamma^2 - 4\gamma - 4)} - \frac{5c}{6},$$

$$q_{2R}^{d*} = \frac{2c}{3},$$

$$W_2^{d*} = \frac{1}{2} + \frac{\gamma(2c\gamma - 3c + 3)}{3(3\gamma^2 - 4\gamma - 4)} - \frac{c}{6},$$

$$q_{1M}^{d*} = \frac{6c - 4c\gamma - 6}{9\gamma^2 - 12\gamma - 12},$$

$$q_{1R}^{d*} = 0,$$

$$w_1^{d*} = \frac{9\gamma^3 - 12 - 24\gamma - 8c\gamma - c\gamma^3 - 12c + 10c\gamma^2}{18\gamma^2 - 24\gamma - 24}。$$

F1E1DC2B1A1

$$q_{2M}^{d*} = \frac{22c\gamma^3 - 6c\gamma^4 - 6\gamma^3 + 30\gamma^2 - 46c\gamma^2 - 30\gamma + 62c\gamma + 80c - 48}{9\gamma^4 - 96 - 72\gamma + 72\gamma^2 - 36\gamma^3},$$

$$q_{2R}^{d*} = \frac{2c}{3},$$

$$W_2^{d*} = \frac{2(3\gamma^3 + c\gamma^3 - 15\gamma^2 - c\gamma^2 + 15\gamma - 7c\gamma - 8c + 24)}{3(12\gamma^3 - 3\gamma^4 + 32 + 24\gamma - 24\gamma^2)},$$

$$q_{1M}^{d*} = 0,$$

$$q_{1R}^{d*} = \frac{9\gamma^3 - 3c\gamma^3 - 24\gamma^2 + 16c\gamma^2 + 12\gamma - 28c\gamma - 12 - 4c}{9\gamma^4 - 96 - 72\gamma + 72\gamma^2 - 36\gamma^3},$$

$$w_1^{d*} = \frac{\begin{array}{l}(27 - 3c)\gamma^5 + (32c - 102)\gamma^4 + (84 - 84c)\gamma^3 \\ + (96 + 16c)\gamma^2 + (96c - 240)\gamma + 16c - 144\end{array}}{6(3\gamma^4 - 32 - 24\gamma + 24\gamma^2 - 12\gamma^3)}。$$

F1E1DC2B1A2

$$q_{2M}^{d*} = \frac{\gamma(6 + 3\gamma + c\gamma)}{12(\gamma^2 - 2 - 2\gamma)} + \frac{1}{2} - \frac{5c}{6},$$

$$q_{2R}^{d*} = \frac{2c}{3},$$

$$W_2^{d*} = \frac{\gamma(6 + 3\gamma + c\gamma)}{12(\gamma^2 - 2 - 2\gamma)} + \frac{1}{2} - \frac{c}{6},$$

$$q_{1M}^{d*} = 0,$$

$$q_{1R}^{d*} = \frac{6 + 3\gamma + c\gamma}{6(2 + 2\gamma - \gamma^2)},$$

$$w_1^{d*} = 0。$$

F1E1D3C1B1A1

$$q_{2M}^{d*} = \frac{\left[\begin{array}{l} 861\gamma^6 - 2247\gamma^6 c - 2648\gamma^5 + 8434c\gamma^5 - 1924c\gamma^4 - 3840\gamma + 13568c\gamma \\ -564\gamma^4 - 17072c\gamma^3 + 5616\gamma^3 + 736\gamma^2 + 2400c\gamma^2 - 1536 + 4608c \end{array}\right]}{2(13\gamma^2 - 16 - 16\gamma)(3\gamma + 2)(\gamma - 2)(43\gamma^2 - 48 - 48\gamma)},$$

$$q_{2R}^{d*} = \frac{\left[\begin{array}{l} 1107\gamma^6 c + 861\gamma^6 a - 2648\gamma^5 - 3910c\gamma^5 - 564\gamma^4 - 3840\gamma - 4864c\gamma \\ +836c\gamma^4 + 6992c\gamma^3 + 5616\gamma^3 + 736\gamma^2 - 928c\gamma^2 - 1536c - 1536 \end{array}\right]}{(13\gamma^2 - 16 - 16\gamma)(3\gamma + 2)(\gamma - 2)(43\gamma^2 - 48\gamma - 48)},$$

$$W_2^{d*} = 0,$$

$$q_{1M}^{d*} = \frac{\left[\begin{array}{l} 2313\gamma^7 c + 681\gamma^7 - 14222\gamma^6 c + 736\gamma^6 - 42640c\gamma^3 - 7552c\gamma^2 - 7296\gamma^2 - 11536\gamma^5 \\ +22672c\gamma^5 + 12304c\gamma^4 + 7808\gamma^4 + 23088\gamma^3 + 26368c\gamma - 19712\gamma + 10240c - 6144 \end{array}\right]}{(16 - 13\gamma^2 + 16\gamma)(3\gamma + 2)^2(\gamma - 2)^2(43\gamma^2 - 48\gamma - 48)},$$

$$q_{1R}^{d*} = \frac{\left[\begin{array}{l} 2(27c\gamma^5 + 21\gamma^5 - 241c\gamma^4 - 40\gamma^4 + 404c\gamma^3 - 36\gamma^3 \\ +48\gamma^2 + 240c\gamma^2 + 32\gamma - 480c\gamma - 256c) \end{array}\right]}{(3\gamma + 2)^2(\gamma - 2)^2(43\gamma^2 - 48\gamma - 48)},$$

$$w_1^{d*} = \frac{\left[\begin{array}{l} 48512\gamma^3 + 9728c\gamma^2 - 12288 + 4096c + 19376\gamma^4 + 7382c\gamma^5 - 11664c\gamma^4 + 14848c\gamma \\ -1369\gamma^7 c + 2698\gamma^6 c - 216\gamma^6 - 25042\gamma^5 - 40448\gamma - 16384\gamma^2 - 14976c\gamma^3 + 2165\gamma^7 \end{array}\right]}{2(43\gamma^2 - 48 - 48\gamma)(13\gamma^2 - 16 - 16\gamma)^2}。$$

F1E1D3C1B1A2

$$q_{2M}^{d*} = \frac{(47 - 115c)\gamma^4 + (286c - 72)\gamma^3 + (122c - 94)\gamma^2 + (80 - 368c)\gamma - 192c + 64}{8(3\gamma + 2)(\gamma - 2)(7\gamma^2 - 8\gamma - 8)},$$

$$q_{2R}^{d*} = \frac{47\gamma^4 + 53c\gamma^4 - 130c\gamma^3 - 72\gamma^3 - 38c\gamma^2 - 94\gamma^2 + 80\gamma + 144c\gamma + 64 + 64c}{4(3\gamma + 2)(\gamma - 2)(7\gamma^2 - 8\gamma - 8)},$$

$$W_2^{d*} = 0,$$

$$q_{1M}^{d*} = \frac{62c\gamma^2 - 19c\gamma^3 - \gamma^3 - 8\gamma^2 + 18\gamma - 22c\gamma + 16 - 48c}{4(3\gamma + 2)^2(\gamma - 2)^2},$$

$$q_{1R}^{d*} = \frac{\left[\begin{array}{l} 416c\gamma + 23\gamma^5 + 104\gamma^4 + 342c\gamma^4 - 67c\gamma^5 + 544\gamma \\ -80\gamma^2 - 366c\gamma^3 + 256c - 422\gamma^3 - 368c\gamma^2 + 256 \end{array}\right]}{4(8 + 8\gamma - 7\gamma^2)(3\gamma + 2)^2(\gamma - 2)^2},$$

$$w_1^{d*} = 0。$$

F1E1D3C1B1A3

$$q_{2M}^{d*} = \frac{7\gamma^2 - 8 - 4\gamma - 17c\gamma^2 + 20c\gamma + 24c}{26\gamma^2 - 32 - 32\gamma},$$

$$q_{2R}^{d*} = \frac{9c\gamma^2 - 8c - 12c\gamma - 8 + 7\gamma^2 - 4\gamma}{13\gamma^2 - 16 - 16\gamma},$$

$$W_2^{d*} = 0,$$

$$q_{1M}^{d*} = \frac{8c - \gamma - 5c\gamma - 8}{13\gamma^2 - 16 - 16\gamma},$$

$$q_{1R}^{d*} = 0,$$

$$w_1^{d*} = \frac{\begin{bmatrix} 416c\gamma + 256c + 104\gamma^4 - 422\gamma^3 - 366c\gamma^3 - 67c\gamma^5 + 256 \\ + 342c\gamma^4 + 23\gamma^5 + 544\gamma - 368c\gamma^2 - 80\gamma^2 \end{bmatrix}}{2(13\gamma^2 - 16 - 16\gamma)^2}。$$

F1E1D3C1B2A

$$q_{2M}^{d*} = \frac{\gamma(\gamma + 5\gamma c - 8c + 8)}{4(13\gamma^2 - 16 - 16\gamma)} + \frac{1}{4} - \frac{3c}{4},$$

$$q_{2R}^{d*} = \frac{\gamma(\gamma + 5\gamma c - 8c + 8)}{2(13\gamma^2 - 16 - 16\gamma)} + \frac{1}{2} + \frac{c}{2},$$

$$W_2^{d*} = 0,$$

$$q_{1M}^{d*} = \frac{\gamma + 5\gamma c - 8c + 8}{16 - 13\gamma^2 + 16\gamma},$$

$$q_{1R}^{d*} = 0,$$

$$w_1^{d*} = \frac{\begin{bmatrix} (23 - 67c)\gamma^5 + (104 + 342c)\gamma^4 + (-422 - 366c)\gamma^3 \\ - (368c + 80)\gamma^2 + (416c + 544)\gamma + 256 + 256c \end{bmatrix}}{2(13\gamma^2 - 16 - 16\gamma)^2}。$$

F1E1D3C1B3A

$$q_{2M}^{d*} = \frac{2(\gamma^2 - 2\gamma^2 c + 2\gamma c - 1 + 3c)}{7\gamma^2 - 8\gamma - 8},$$

$$q_{2R}^{d*} = \frac{6\gamma^2 c - 8\gamma c - 4c + 4\gamma^2 - 4}{7\gamma^2 - 8\gamma - 8},$$

$$W_2^{d*} = 0,$$

$$q_{1M}^{d*} = 0,$$

$$q_{1R}^{d*} = \frac{\gamma + 5\gamma c - 8c + 8}{8\gamma + 8 - 7\gamma^2},$$

$$w_1^{d*} = \frac{62\gamma^2 c - \gamma^3 - 19\gamma^3 c - 48c - 8\gamma^2 + 18\gamma - 22\gamma c + 16}{26\gamma^2 - 32 - 32\gamma}。$$

F1E2D1C1B1A1

$$q_{2M}^{d*} = 0,$$

$$q_{2R}^{d*} = \frac{\begin{array}{c} 8\gamma^6 + 25\gamma^5 c - 8\gamma^6 c - 24\gamma^5 + 2\gamma^4 c - 6\gamma^4 - 48\gamma^3 c \\ + 48\gamma^3 + 8\gamma^2 + 34\gamma c - 30\gamma - 12 + 12c \end{array}}{(\gamma^2 - 2 - 2\gamma)(\gamma^2 - \gamma - 1)(5\gamma^2 - 6\gamma - 6)},$$

$$W_2^{d*} = \frac{\left[\begin{array}{c} 8\gamma^6 - 18\gamma^6 c - 24\gamma^5 + 67\gamma^5 c - 12\gamma^4 c - 6\gamma^4 - 136\gamma^3 c \\ + 48\gamma^3 + 16\gamma^2 c + 8\gamma^2 + 106\gamma c - 30\gamma - 12 + 36c \end{array}\right]}{2(\gamma^2 - 2 - 2\gamma)(1 + \gamma - \gamma^2)(5\gamma^2 - 6\gamma - 6)},$$

$$q_{1M}^{d*} = \frac{(\gamma + 1)\left[\begin{array}{c} 31\gamma^3 + 5\gamma^6 + 18\gamma^5 c - 18\gamma^5 - 3\gamma^4 c + 4\gamma^4 - 35\gamma^3 c \\ + 4\gamma^2 c - 4\gamma^2 + 28\gamma c - 20\gamma - 6 + 10c - 5\gamma^6 c \end{array}\right]}{(2 + 2\gamma - \gamma^2)(\gamma^2 - \gamma - 1)^2(5\gamma^2 - 6\gamma - 6)},$$

$$q_{1R}^{d*} = \frac{2\gamma^5 - 2\gamma^5 c - 3\gamma^4 + 2\gamma^4 c - 3\gamma^3 + 7\gamma^3 c - 3\gamma^2 c + 3\gamma^2 + 2\gamma - 10\gamma c - 4c}{(\gamma^2 - \gamma - 1)^2 (5\gamma^2 - 6\gamma - 6)},$$

$$w_1^{d*} = \frac{\left[\begin{array}{c} 12 - 31\gamma^6 + 28\gamma c + 28\gamma^3 c + 106\gamma^2 c - 26\gamma^2 + 51\gamma^4 - 24\gamma^3 \\ + 20\gamma + 8\gamma^5 + 9\gamma^7 - 16\gamma^5 c - 14\gamma^7 c - 4c + 55\gamma^6 c - 121\gamma^4 c \end{array}\right]}{(6 - 5\gamma^2 + 6\gamma)(\gamma^2 - 2 - 2\gamma)^2}。$$

F1E2D1C1B1A2

$$q_{2M}^{d*} = 0,$$

$$q_{2R}^{d*} = \frac{3\gamma^4 - 2\gamma^4 c + 4\gamma^3 c - 5\gamma^3 + 2\gamma^2 c - 6\gamma^2 - 7\gamma c + 5\gamma + 4 - 4c}{(\gamma - 2)(3\gamma + 2)(\gamma^2 - 1 - \gamma)},$$

$$W_2^{d*} = \frac{8\gamma^4 c - 3\gamma^4 - 18\gamma^3 c + 5\gamma^3 - 8\gamma^2 c + 6\gamma^2 + 23\gamma c - 5\gamma - 4 + 12c}{6\gamma^4 - 14\gamma^3 - 6\gamma^2 + 16\gamma + 8},$$

$$q_{1M}^{d*} = \frac{(\gamma + 1)(3\gamma^4 - 3\gamma^4 c - 7\gamma^3 + 8\gamma^3 c - \gamma^2 + 5\gamma - 9\gamma c + 1 - 3c)}{(3\gamma + 2)(2 - \gamma)(\gamma^2 - 1 - \gamma)^2},$$

$$q_{1R}^{d*} = \frac{6\gamma^2 + 7\gamma^3 c - 2 - 3\gamma^3 - 6\gamma^4 + 9\gamma^4 c - 4\gamma^5 c + 3\gamma^5 - 2c - 12\gamma c - 14\gamma^2 c}{(3\gamma + 2)(\gamma - 2)(\gamma^2 - 1 - \gamma)^2},$$

$$w_1^{d*} = 0。$$

F1E2D1C1B1A3

$$q_{2M}^{d*} = 0,$$

$$q_{2R}^{d*} = \frac{(2\gamma^2 - 2 - \gamma)(1 - c)}{\gamma^2 - 2 - 2\gamma},$$

$$W_2^{d*} = \frac{2 + \gamma - 2\gamma^2 + 4\gamma^2 c - 5\gamma c - 6c}{2\gamma^2 - 4 - 4\gamma},$$

$$q_{1M}^{d*} = \frac{\gamma c + c - 1 - \gamma}{\gamma^2 - 2 - 2\gamma},$$

$$q_{1R}^{d*} = 0,$$

$$w_1^{d*} = \frac{(3 - 4c)\gamma^5 + (9c - 6)\gamma^4 + (7c - 3)\gamma^3 + (6 - 14c)\gamma^2 - 12\gamma c - 2 - 2c}{4r^3 - 8\gamma - \gamma^4 - 4}。$$

F1E2D1C1B2A

$$q_{2M}^{d*} = 0,$$

$$q_{2R}^{d*} = \gamma c - \gamma + 1 - c,$$

$$W_2^{d*} = \frac{3c - \gamma c + \gamma - 1}{2},$$

$$q_{1M}^{d*} = 0,$$

$$q_{1R}^{d*} = 1 - c,$$

$$w_1^{d*} = \frac{(3 - 3c)\gamma^4 + (8c - 7)\gamma^3 - \gamma^2 + (5 - 9c)\gamma - 3c + 1}{\gamma^2 - 2 - 2\gamma}。$$

F1E2D1C1B3A

$$q_{2M}^{d*} = 0,$$

$$q_{2R}^{d*} = \frac{(2\gamma^2 - 2 - \gamma)(1 - c)}{\gamma^2 - 2 - 2\gamma},$$

$$W_2^{d*} = \frac{3c}{2} - \frac{1}{2} - \frac{\gamma(\gamma - \gamma c + 1 - c)}{2(\gamma^2 - 2 - 2\gamma)},$$

$$q_{1M}^{d*} = \frac{(1 + \gamma)(c - 1)}{\gamma^2 - 2 - 2\gamma},$$

$$q_{1R}^{d*} = 0,$$

$$w_1^{d*} = \frac{12\gamma c + 2 + 2c - (3 - 4c)\gamma^5 - (9c - 6)\gamma^4 - (7c - 3)\gamma^3 - (6 - 14c)\gamma^2}{(\gamma^2 - 2\gamma - 2)^2}。$$

F1E2D1C2BA1

$q_{2M}^{d*} = 0$,

$q_{2R}^{d*} = \dfrac{5\gamma^2 + 4c + 4\gamma c - 3\gamma - 4 - 5\gamma^2 c}{5\gamma^2 - 4 - 4\gamma}$,

$W_2^{d*} = \dfrac{15\gamma^2 c + 3\gamma + 4 - 5\gamma^2 - 12c - 12\gamma c}{10\gamma^2 - 8 - 8\gamma}$,

$q_{1M}^{d*} = 0$,

$q_{1R}^{d*} = \dfrac{1}{4 + 4\gamma - 5\gamma^2}$,

$w_1^{d*} = \dfrac{(5 - 10c)\gamma^3 + (8c - 6)\gamma^2 + (8c - 2)\gamma + 2}{4 + 4\gamma - 5\gamma^2}$。

F1E2D1C2BA2

$q_{2M}^{d*} = 0$,

$q_{2R}^{d*} = 1 - c - \dfrac{\gamma(\gamma - 1 - 2\gamma c)}{3\gamma^2 - 2\gamma - 2}$,

$W_2^{d*} = \dfrac{\gamma(\gamma - 1 - 2\gamma c)}{2(3\gamma^2 - 2\gamma - 2)} - \dfrac{1}{2} + \dfrac{3c}{2}$,

$q_{1M}^{d*} = 0$,

$q_{1R}^{d*} = \dfrac{\gamma - 1 - 2\gamma c}{3\gamma^2 - 2\gamma - 2}$,

$w_1^{d*} = 0$。

F1E2D1C3B1A1

$q_{2M}^{d*} = 0$,

$q_{2R}^{d*} = 2c$,

$W_2^{d*} = 0$,

$q_{1M}^{d*} = 0$,

$q_{1R}^{d*} = \dfrac{1 - 3c}{\gamma}$,

$w_1^{d*} = (1 - 2c)\gamma + 3c + \dfrac{3c - 1}{\gamma}$。

F1E3DC1B1A1

$$q_{2M}^{d*} = \frac{9\gamma^4 - 3\gamma^4 c + 18\gamma^3 c - 24\gamma^3 - 2c\gamma^2 - 18\gamma^2 + 36\gamma - 44c\gamma - 24c + 24}{18\gamma^4 - 60\gamma^3 - 12\gamma^2 + 96\gamma + 48},$$

$$q_{2R}^{d*} = 0,$$

$$W_2^{d*} = \frac{9\gamma^4 + 15\gamma^4 c - 42\gamma^3 c - 24\gamma^3 - 18\gamma^2 - 14c\gamma^2 + 36\gamma + 52c\gamma + 24 + 24c}{18\gamma^4 - 60\gamma^3 - 12\gamma^2 + 96\gamma + 48},$$

$$q_{1M}^{d*} = \frac{2\left(3\gamma^5 c + 3\gamma^4 - 21\gamma^4 c + 26\gamma^3 c - 12\gamma^3 + 30c\gamma^2 + 24\gamma - 28c\gamma - 20c + 12\right)}{3\left(3\gamma + 2\right)\left(2 - \gamma\right)\left(\gamma^2 - 2 - 2\gamma\right)^2},$$

$$q_{1R}^{d*} = \frac{2c\left(3\gamma + 2\right)\left(2 - \gamma\right)}{3\left(\gamma^2 - 2 - 2\gamma\right)^2},$$

$$w_1^{d*} = \frac{9\gamma^3 + 3\gamma^3 c - 6c\gamma^2 + 4c\gamma - 24\gamma - 12 + 4c}{18\gamma^2 - 24 - 24\gamma}。$$

F1E3DC1B1A3

$$q_{2M}^{d*} = \frac{9\gamma^4 - \gamma^4 c - 16\gamma^3 + 10\gamma^3 c - 20\gamma^2 - 28c\gamma + 20\gamma - 16c + 16}{12\gamma^4 - 40\gamma^3 - 8\gamma^2 + 64\gamma + 32},$$

$$q_{2R}^{d*} = 0,$$

$$W_2^{d*} = \frac{9\gamma^4 + 11\gamma^4 c - 16\gamma^3 - 30\gamma^3 c - 20\gamma^2 - 8c\gamma^2 + 36c\gamma + 20\gamma + 16c + 16}{12\gamma^4 - 40\gamma^3 - 8\gamma^2 + 64\gamma + 32},$$

$$q_{1M}^{d*} = \frac{16c\gamma - 4 - 18c\gamma^2 + 12c + 4\gamma^2 - 5\gamma^4 + 3\gamma^5 - \gamma^5 c - 4\gamma + 11\gamma^4 c - 3\gamma^3 - 15\gamma^3 c}{\left(3\gamma + 2\right)\left(\gamma - 2\right)\left(\gamma^2 - 2 - 2\gamma\right)^2},$$

$$q_{1R}^{d*} = \frac{4 + 8\gamma + 4c\gamma + 4c - 3\gamma^3 - \gamma^3 c - 2c\gamma^2}{16\gamma - 8\gamma^3 + 2\gamma^4 + 8},$$

$$w_1^{d*} = 0。$$

F1E3DC1B2A

$$q_{2M}^{d*} = \frac{\gamma^2 + c - 1}{2\left(\gamma^2 - 1 - \gamma\right)},$$

$$q_{2R}^{d*} = 0,$$

$$W_2^{d*} = \frac{\gamma^2 + 2c\gamma^2 - 1 - 2c\gamma - c}{2\left(\gamma^2 - 1 - \gamma\right)},$$

$$q_{1M}^{d*} = 0,$$

$$q_{1R}^{d*} = \frac{1 + \gamma c - c}{1 + \gamma - \gamma^2},$$

$$w_1^{d*} = \frac{(3-c)\gamma^5 + (11c-5)\gamma^4 - (3+15c)\gamma^3 + (4-18c)\gamma^2 + (16c-4)\gamma - 4 + 12c}{2(\gamma^2 - 1 - \gamma)(3\gamma^2 - 4 - 4\gamma)}。$$

F1E3DC2BA2

$$q_{2M}^{d*} = \frac{\gamma(2 + c\gamma + \gamma)}{4(\gamma^2 - 2 - 2\gamma)} + \frac{1}{2} - \frac{c}{2},$$

$$q_{2R}^{d*} = 0,$$

$$W_2^{d*} = \frac{1}{2} + \frac{\gamma(2 + c\gamma + \gamma)}{4(\gamma^2 - 2 - 2\gamma)} + \frac{c}{2},$$

$$q_{1M}^{d*} = 0,$$

$$q_{1R}^{d*} = \frac{\gamma + 2 + c\gamma}{4 + 4\gamma - 2\gamma^2},$$

$$w_1^{d*} = 0。$$

F2ED1C1B1A1

$$q_{2M}^{d*} = 0,$$

$$q_{2R}^{d*} = \frac{\left[\begin{array}{l} 684\gamma^4 + 112\gamma^4 c + 95\gamma^6 - 696\gamma^5 - 144\gamma^3 c + 2640\gamma^3 - 1120\gamma^2 \\ -512c\gamma^2 - 3840\gamma - 256c\gamma - 1536 - 4\gamma^5 c \end{array}\right]}{16(3r^2 - 8 - 8r)(r^2 - 4r - 4)(5r^2 - 12r - 12)},$$

$$W_2^{d*} = \frac{\left[\begin{array}{l} 95\gamma^6 - 696\gamma^5 - 4\gamma^5 c + 684\gamma^4 + 112\gamma^4 c + 2640\gamma^3 - 144\gamma^3 c \\ -1120\gamma^2 - 512c\gamma^2 - 3840\gamma - 256c\gamma - 1536 \end{array}\right]}{8(3\gamma^2 - 8 - 8\gamma)(\gamma^2 - 4\gamma - 4)(5\gamma^2 - 12\gamma - 12)},$$

$$q_{1M}^{d*} = \frac{\left[\begin{array}{l} 25\gamma^7 - 116\gamma^6 c - 202\gamma^6 + 106\gamma^5 + 968\gamma^5 c + 1752\gamma^4 - 1752\gamma^4 c - 1536 \\ -2880\gamma^3 c - 360\gamma^3 + 4960c\gamma^2 - 5664\gamma^2 + 7680c\gamma - 5440\gamma + 2560c \end{array}\right]}{2(8 + 8\gamma - 3\gamma^2)(\gamma^2 - 4\gamma - 4)^2(5\gamma^2 - 12\gamma - 12)},$$

$$q_{1R}^{d*} = \frac{5\gamma^5 - 24\gamma^4 - 76\gamma^4 c - 12\gamma^3 + 400\gamma^3 c + 48\gamma^2 - 112c\gamma^2 + 32\gamma - 1024c\gamma - 512c}{4(\gamma^2 - 4\gamma - 4)^2(5\gamma^2 - 12\gamma - 12)},$$

$$w_1^{d*} = \frac{\left[\begin{array}{l} 4096c + 26096\gamma^4 - 12288 - 56576\gamma^2 - 1952\gamma^3 + 805\gamma^7 - 48640\gamma - 3120\gamma^4 c \\ +6400c\gamma^2 - 4968\gamma^6 - 7680\gamma^3 c + 2768\gamma^5 c - 428\gamma^6 c + 1924\gamma^5 + 12288c\gamma \end{array}\right]}{32(5\gamma^2 - 12\gamma - 12)(3\gamma^2 - 8 - 8\gamma)^2}。$$

F2ED1C1B1A2

$$q_{2M}^{d*} = 0,$$

$$q_{2R}^{d*} = \frac{5\gamma^2 - 8 - 4\gamma - 4c\gamma}{12\gamma^2 - 32 - 32\gamma},$$

$$W_2^{d*} = \frac{5\gamma^2 - 8 - 4\gamma - 4c\gamma}{6\gamma^2 - 16 - 16\gamma},$$

$$q_{1M}^{d*} = \frac{2(\gamma + 2 - 2c)}{8 + 8\gamma - 3\gamma^2},$$

$$q_{1R}^{d*} = 0,$$

$$w_1^{d*} = \frac{\begin{matrix} 736\gamma - 136\gamma^4 + 37\gamma^5 - 176\gamma^3 c + 28\gamma^4 c + 80c\gamma^2 \\ + 512c\gamma - 164\gamma^3 + 496\gamma^2 + 256c + 256 \end{matrix}}{8(3\gamma^2 - 8 - 8\gamma)^2}。$$

F2ED1C1B1A3

$$q_{2M}^{d*} = 0,$$

$$q_{2R}^{d*} = \frac{17\gamma^4 - 4\gamma^3 c - 56\gamma^3 + 16c\gamma^2 - 56\gamma^2 + 80\gamma + 16c\gamma + 64}{2(13\gamma^2 - 32\gamma - 32)(\gamma^2 - 4\gamma - 4)},$$

$$W_2^{d*} = \frac{17\gamma^4 - 56\gamma^3 - 4\gamma^3 c - 56\gamma^2 + 16c\gamma^2 + 80\gamma + 16c\gamma + 64}{(13\gamma^2 - 32\gamma - 32)(\gamma^2 - 4\gamma - 4)},$$

$$q_{1M}^{d*} = \frac{4(4\gamma^5 - 6\gamma^4 + 9\gamma^4 c - 9\gamma^3 - 60\gamma^3 c + 36c\gamma^2 - 36\gamma^2 - 68\gamma + 192c\gamma - 32 + 96c)}{(13\gamma^2 - 32\gamma - 32)(\gamma^2 - 4\gamma - 4)^2},$$

$$q_{1R}^{d*} = \frac{\begin{matrix} 736\gamma - 136\gamma^4 + 37\gamma^5 - 176\gamma^3 c + 28\gamma^4 c + 80c\gamma^2 \\ + 512c\gamma - 164\gamma^3 + 496\gamma^2 + 256c + 256 \end{matrix}}{(32 + 32\gamma - 13\gamma^2)(\gamma^2 - 4\gamma - 4)^2},$$

$$w_1^{d*} = 0。$$

F2ED1C1B2A

$$q_{2M}^{d*} = 0,$$

$$q_{2R}^{d*} = \frac{\gamma^2 - 1 - c\gamma}{2\gamma^2 - 4 - 4\gamma},$$

$$W_2^{d*} = \frac{\gamma^2 - 1 - c\gamma}{\gamma^2 - 2 - 2\gamma},$$

$$q_{1M}^{d*} = 0,$$

$$q_{1R}^{d*} = \frac{\gamma + 2 - 2c}{2\gamma + 2 - \gamma^2},$$

$$w_1^{d*} = \frac{4\gamma^5 + (9c-6)\gamma^4 - (60c+9)\gamma^3 + (36c-36)\gamma^2 + (192c-68)\gamma - 32 + 96c}{4(\gamma^2 - 2 - 2\gamma)(3\gamma^2 - 8 - 8\gamma)}。$$

F2ED1C1B3A

$$q_{2M}^{d*} = 0,$$

$$q_{2R}^{d*} = \frac{1}{4} + \frac{\gamma(\gamma + 2 - 2c)}{2(3\gamma^2 - 8 - 8\gamma)},$$

$$W_2^{d*} = \frac{1}{2} + \frac{\gamma(\gamma + 2 - 2c)}{3\gamma^2 - 8\gamma - 8},$$

$$q_{1M}^{d*} = \frac{2(\gamma + 2 - 2c)}{8 + 8\gamma - 3\gamma^2},$$

$$q_{1R}^{d*} = 0,$$

$$w_1^{d*} = \frac{\begin{array}{c} 736\gamma - 136\gamma^4 + 37\gamma^5 - 176\gamma^3 c + 28\gamma^4 c + 80\gamma^2 c \\ + 512c\gamma - 164\gamma^3 + 496\gamma^2 + 256c + 256 \end{array}}{8(3\gamma^2 - 8 - 8\gamma)^2}。$$

F2ED1C2BA1

$$q_{2M}^{d*} = 0,$$

$$q_{2R}^{d*} = \frac{15\gamma^2 - 24\gamma - 32}{16(3\gamma^2 - 8 - 8\gamma)},$$

$$W_2^{d*} = \frac{15\gamma^2 - 24\gamma - 32}{8(3\gamma^2 - 8 - 8\gamma)},$$

$$q_{1M}^{d*} = 0,$$

$$q_{1R}^{d*} = \frac{3\gamma + 8}{4(8 + 8\gamma - 3\gamma^2)},$$

$$w_1^{d*} = \frac{45\gamma^3 - 56\gamma^2 - 240\gamma - 128}{32(3\gamma^2 - 8 - 8\gamma)}。$$

F2ED1C2BA2

$$q_{2M}^{d*} = 0,$$

$$q_{2R}^{d*} = \frac{5\gamma^2 - 4\gamma - 8}{2(5\gamma + 4)(\gamma - 4)},$$

$$W_2^{d*} = \frac{5\gamma^2 - 4\gamma - 8}{(5\gamma + 4)(\gamma - 4)},$$

$$q_{1M}^{d*} = 0,$$

$$q_{1R}^{d*} = \frac{8 + 5\gamma}{(5\gamma + 4)(4 - \gamma)},$$

$$w_1^{d*} = 0_\circ$$

F2ED2C1B1A1

$$q_{2M}^{d*} = 0,$$

$$q_{2R}^{d*} = \frac{\left[\begin{array}{l} 22\gamma^6 - 8\gamma^5 c - 127\gamma^5 + 68\gamma^4 + 36\gamma^4 c + 412\gamma^3 \\ + 4\gamma^3 c - 64\gamma^2 c - 88\gamma^2 - 480\gamma - 32c\gamma - 192 \end{array}\right]}{2(3\gamma^2 - 8 - 8\gamma)(5\gamma^4 - 24\gamma^3 + 48\gamma + 24)},$$

$$W_2^{d*} = 0,$$

$$q_{1M}^{d*} = \frac{2\left[\begin{array}{l} 8\gamma^7 - 53\gamma^6 - 22\gamma^6 c - 4\gamma^5 + 172\gamma^5 c + 366\gamma^4 - 252\gamma^4 c + 120\gamma^3 \\ - 528\gamma^3 c - 696\gamma^2 + 536\gamma^2 c + 960c\gamma - 704\gamma - 192 + 320c \end{array}\right]}{(3\gamma^2 - 8 - 8\gamma)(\gamma^2 - 4\gamma - 4)(5\gamma^4 - 24\gamma^3 + 48\gamma + 24)},$$

$$q_{1R}^{d*} = \frac{3\gamma^5 - 12\gamma^4 c - 13\gamma^4 + 60\gamma^3 c - 12\gamma^3 + 20\gamma^2 - 4\gamma^2 c - 128c\gamma + 16\gamma - 64c}{(\gamma^2 - 4\gamma - 4)(5\gamma^4 - 24\gamma^3 + 48\gamma + 24)},$$

$$w_1^{d*} = \frac{(\gamma^2 - 4\gamma - 4)\left[\begin{array}{l} 11\gamma^7 - 4\gamma^6 c - 45\gamma^6 + 44\gamma^5 c - 124\gamma^5 + 528\gamma^4 - 100\gamma^4 c - 384 \\ + 464\gamma^3 - 160\gamma^3 c + 240\gamma^2 c - 1008\gamma^2 - 1280\gamma + 384c\gamma + 128c \end{array}\right]}{2(5\gamma^4 - 24\gamma^3 + 48\gamma + 24)(3\gamma^2 - 8 - 8\gamma)^2}_\circ$$

F2ED2C1B1A2

$$q_{2M}^{d*} = 0,$$

$$q_{2R}^{d*} = \frac{5\gamma^2 - 8 - 4\gamma - 4c\gamma}{6\gamma^2 - 16 - 16\gamma},$$

$$W_2^{d*} = 0,$$

$$q_{1M}^{d*} = \frac{2(2 + \gamma - 2c)}{8\gamma + 8 - 3\gamma^2},$$

$$q_{1R}^{d*} = 0,$$

$$w_1^{d*} = \frac{20\gamma^2 + 64\gamma - \gamma^5 + 32 + 32c - 4\gamma^2 c + 5\gamma^4 + 64c\gamma - 8\gamma^3 - 36\gamma^3 c + 8\gamma^4 c}{(3\gamma^2 - 8 - 8\gamma)^2}。$$

F2ED2C1B1A3

$$q_{2M}^{d*} = 0,$$

$$q_{2R}^{d*} = \frac{11\gamma^4 - 30\gamma^3 - 4\gamma^3 c + 8\gamma^2 c - 32\gamma^2 + 40\gamma + 8c\gamma + 32}{14\gamma^4 - 64\gamma^3 + 128\gamma + 64},$$

$$W_2^{d*} = 0,$$

$$q_{1M}^{d*} = \frac{2(3\gamma^5 - 10\gamma^4 c - 12\gamma^4 - 20\gamma^3 + 48\gamma^3 c + 28\gamma^2 + 48\gamma - 96c\gamma - 48c + 16)}{(4\gamma + 4 - \gamma^2)(7\gamma^4 - 32\gamma^3 + 64\gamma + 32)},$$

$$q_{1R}^{d*} = \frac{2(\gamma^5 - 20\gamma^2 - 64\gamma - 32 - 32c + 4\gamma^2 c - 5\gamma^4 - 64c\gamma + 8\gamma^3 + 36\gamma^3 c - 8\gamma^4 c)}{(\gamma^2 - 4\gamma - 4)(7\gamma^4 - 32\gamma^3 + 64\gamma + 32)},$$

$$w_1^{d*} = 0。$$

F2ED2C1B2A

$$q_{2M}^{d*} = 0,$$

$$q_{2R}^{d*} = \frac{\gamma^2 - 1 - c\gamma}{\gamma^2 - 2 - 2\gamma},$$

$$W_2^{d*} = 0,$$

$$q_{1M}^{d*} = 0,$$

$$q_{1R}^{d*} = \frac{2c - 2 - \gamma}{\gamma^2 - 2 - 2\gamma},$$

$$w_1^{d*} = \frac{12\gamma^4 - 3\gamma^5 + 10\gamma^4 c - 48\gamma^3 c - 48\gamma + 20\gamma^3 - 16 + 96c\gamma - 28\gamma^2 + 48c}{32 + 64\gamma + 4\gamma^2 - 28\gamma^3 + 6\gamma^4}。$$

F2ED2C1B3A

$$q_{2M}^{d*} = 0,$$

$$q_{2R}^{d*} = \frac{1}{2} + \frac{\gamma(2 + \gamma - 2c)}{3\gamma^2 - 8\gamma - 8},$$

$$W_2^{d*} = 0,$$

$$q_{1M}^{d*} = \frac{2(2 + \gamma - 2c)}{8 + 8\gamma - 3\gamma^2},$$

$$q_{1R}^{d*} = 0,$$

$$w_1^{d*} = \frac{(5+8c)\gamma^4 - \gamma^5 - (8+36c)\gamma^3 - (4c-20)\gamma^2 + (64+64c)\gamma + 32c + 32}{(3\gamma^2 - 8 - 8\gamma)^2}。$$

F2ED2C2BA

$$q_{2M}^{d*} = 0,$$

$$q_{2R}^{d*} = \frac{1}{2} + \frac{\gamma}{2(3\gamma^2 - 4\gamma - 4)},$$

$$W_2^{d*} = 0,$$

$$q_{1M}^{d*} = 0,$$

$$q_{1R}^{d*} = \frac{3\gamma + 2}{2 - \gamma},$$

$$w_1^{d*} = \frac{1}{2}。$$

为了保证所有的参数和变量都大于零，即 $q_{2M}^{d*} \geq 0$，$q_{2R}^{d*} \geq 0$，$w_2^{d*} \geq 0$，$q_{1M}^{d*} \geq 0$，$q_{1R}^{d*} \geq 0$，$w_1^{d*} \geq 0$，$\lambda_i > 0$，$1 \geq c \geq 0$ 和 $1 \geq \gamma \geq 0$，我们排除了下列策略，即 F1E1DC1B1A3、F1E1D1C2B1A1、F1E1D1C2B1A2、F1E1D3C1B1A1、F1E1D3C1B1A2、F1E1D3C1B1A3、F1E1D3C1B2A、F1E1D3C1B3A、F1E1D3C2B1A1、F1E1D3C2B1A2、F1E2D1C1B1A2、F1E2D1C1B1A3、F1E2D1C2B2A2、F1E3DC1B1A3、F1E3DC2BA2、F2ED1C1B1A2、F2ED1C1B1A3、F2ED2C1B1A1、F2ED2C1B1A2、F2ED2C1B1A3、F2ED2C1B2A、F2ED2C1B3A、F2ED2C2BA。在留下的策略中对制造商的利润进行对比分析，发现当产品耐用度 γ 和直销成本 c 时，有命题 3.2 所述，$0 < \gamma < \gamma_4$，$0 < c < \sigma_1^d$；$\gamma_4 \leq \gamma < 1$，$0 < c < \sigma_2^d$；$0 < \gamma < \gamma_3$，$\sigma_1^d < c < \sigma_4^d$；$\gamma_3 \leq \gamma < \gamma_4$，$\sigma_1^d < c < \sigma_3^d$；$0 < \gamma < \gamma_3$，$\sigma_4^d < c < \sigma_5^d$；$\gamma_3 \leq \gamma < 1$，$\sigma_2^d < c < \sigma_5^d$；$0 < \gamma < \gamma_2$，$\sigma_5^d < c < \sigma_7^d$；$\gamma_2 \leq \gamma < 1$，$\sigma_5^d < c < \sigma_6^d$；$\gamma_2 \leq \gamma < 1$，$\sigma_6^d < c < \sigma_8^d$；$0 < \gamma < \gamma_1$，$\sigma_7^d < c < \sigma_9^d$；$\gamma_1 \leq \gamma < \gamma_2$，$\sigma_7^d < c < 1$；$\gamma_2 \leq \gamma < 1$，$\sigma_8^d < c < 1$；$0 < \gamma \leq \gamma_1$，$\sigma_9^d < c < 1$。

其中 γ_1、γ_2、γ_3 和 γ_4、σ_1^d、σ_2^d、σ_3^d、σ_4^d、σ_5^d、σ_6^d、σ_7^d、σ_8^d 和 σ_9^d 分别罗列如下：

$$\gamma_1 = 0.36; \ \gamma_2 = 0.51; \ \gamma_3 = 0.821; \ \gamma_4 = 0.945$$

$$\sigma_1^d = \frac{3\gamma}{9\gamma + 6 - 7\gamma^2};$$

$$\sigma_2^d = \frac{3(\gamma^2 - \gamma - 1)\begin{bmatrix} 4494\gamma^8 + 12168\gamma^7 - 18360\gamma^5 - 4314\gamma^9 + 774\gamma^{10} + 20784\gamma^3 \\ + 23976\gamma^4 - 9600\gamma^2 - 18564\gamma^6 - 12288\gamma - 2880 + 2\Delta_{a1}^{1/2} \end{bmatrix}}{\Delta_{a2}};$$

$$\Delta_{a1} = 6(\gamma - 2)(3\gamma + 2)(5\gamma^2 - 6\gamma - 6)\begin{bmatrix} 288\gamma^{16} - 2712\gamma^{15} + 8241\gamma^{14} - 2556\gamma^{13} \\ - 30576\gamma^{12} + 33564\gamma^{11} + 55142\gamma^{10} \\ - 75468\gamma^9 - 75788\gamma^8 + 85536\gamma^7 \\ + 87352\gamma^6 - 47728\gamma^5 - 71712\gamma^4 \\ - 1152\gamma^3 + 29056\gamma^2 + 14592\gamma + 2304 \end{bmatrix};$$

$$\Delta_{a2} = 2\begin{bmatrix} 6048 - 111948\gamma^4 + 38640\gamma^2 - 51000\gamma^3 + 33384\gamma^5 + 31680\gamma - 8352\gamma^{11} \\ + 12933\gamma^{10} + 23184\gamma^9 - 64851\gamma^8 - 26046\gamma^7 + 1251\gamma^{12} + 120462\gamma^6 \end{bmatrix};$$

$$\sigma_3^d = \frac{3(\gamma^2 - \gamma - 1)\begin{bmatrix} 774\gamma^{10} - 4354\gamma^9 + 4742\gamma^8 + 11856\gamma^7 - 19140\gamma^6 - 2880 \\ - 17480\gamma^5 + 24840\gamma^4 + 20176\gamma^3 - 10368\gamma^2 - 12480\gamma + 2\Delta_{b1}^{1/2} \end{bmatrix}}{\Delta_{b2}};$$

$$\Delta_{b1} = 2\gamma(2 - \gamma)(3\gamma + 2)(5\gamma^2 - 6\gamma - 6)\begin{bmatrix} 60\gamma^{15} - 824\gamma^{14} + 2489\gamma^{13} + 4608 \\ + 4572\gamma^{12} - 30356\gamma^{11} + 17276\gamma^{10} \\ + 90054\gamma^9 - 84252\gamma^8 - 148860\gamma^7 \\ + 122016\gamma^6 + 168568\gamma^5 - 57328\gamma^4 \\ - 107808\gamma^3 - 15744\gamma^2 + 15744\gamma \end{bmatrix};$$

$$\Delta_{b2} = 2\begin{bmatrix} 39168\gamma - 84955\gamma^8 - 17126\gamma^7 - 10728\gamma^{11} + 18925\gamma^{10} + 23816\gamma^9 + 7200 \\ + 152574\gamma^6 + 22744\gamma^5 - 143564\gamma^4 - 53208\gamma^3 + 53040\gamma^2 + 1531\gamma^{12} \end{bmatrix};$$

$$\sigma_4^d = \frac{3(\gamma^2 - 2\gamma - 2)(3\gamma^2 - 2\gamma - 4)}{11\gamma^4 - 6\gamma^2 - 42\gamma^3 + 76\gamma + 40};$$

$$\sigma_5^d = \frac{(5\gamma^4 - 13\gamma^3 - 4\gamma^2 + 14\gamma + 6)(\gamma^2 - \gamma - 1)}{5\gamma^6 - 18\gamma^5 + 35\gamma^3 + 3\gamma^4 - 28\gamma - 4\gamma^2 - 10};$$

$$\sigma_6^d = \frac{\left(\gamma^2 - 4\gamma - 4\right)\begin{bmatrix} 14400\gamma^{12} - 197760\gamma^{11} + 880960\gamma^{10} - 780936\gamma^9 \\ -3800560\gamma^8 + 5693744\gamma^7 + 9686848\gamma^6 \\ -10802752\gamma^5 - 18363648\gamma^4 + 16596992\gamma^2 \\ +9551872\gamma + 1769472 + 3307008\gamma^3 + 8\Delta_{c1}^{1/2} \end{bmatrix}}{2\Delta_{c2}};$$

$$\Delta_{c1} = 2\left(5\gamma^2 - 12\gamma - 12\right)\left(2\gamma + 2 - \gamma^2\right)\left(3\gamma^2 - 8 - 8\gamma\right)^2 \begin{bmatrix} 725\gamma^{14} - 9490\gamma^{13} + 50415\gamma^{12} \\ -187624\gamma^{11} + 631692\gamma^{10} \\ -838064\gamma^9 - 2279008\gamma^8 \\ +4470400\gamma^7 + 6123392\gamma^6 \\ -3866368\gamma^5 - 9259264\gamma^4 \\ -7241728\gamma^3 - 4643840\gamma^2 \\ -2162688\gamma - 425984 \end{bmatrix};$$

$$\Delta_{c2} = \begin{bmatrix} 2291808\gamma^8 + 12533344\gamma^9 - 40409600\gamma^7 - 2396656\gamma^{10} \\ -10001920\gamma^6 + 72542720\gamma^5 + 7200\gamma^{14} - 1707136\gamma^{11} \\ +804320\gamma^{12} + 49368576\gamma^4 - 48562176\gamma^3 - 74629120\gamma^2 \\ -34471936\gamma - 5636096 - 127680\gamma^{13} \end{bmatrix};$$

$$\sigma_7^d = \frac{516\gamma^6 + 1083\gamma^5 - 1530\gamma^4 - 1778\gamma^3 + 60\gamma^8 + 1144\gamma + 256 + 784\gamma^2 - 400\gamma^7 + \Delta_d^{1/2}}{2\left(-200\gamma^7 + 30\gamma^8 + 246\gamma^6 + 628\gamma^5 - 916\gamma^4 - 1032\gamma^3 + 728\gamma^2 + 896\gamma + 192\right)};$$

$$\Delta_d = \left(\gamma^2 - 2\gamma - 2\right)\begin{bmatrix} 240\gamma^{12} - 4840\gamma^{11} + 27624\gamma^{10} - 44216\gamma^9 \\ -60303\gamma^8 + 103814\gamma^6 - 167744\gamma^5 \\ -167200\gamma^4 - 44000\gamma^3 - 9216\gamma \\ -2048 + 156774\gamma^7 - 12320\gamma^2 \end{bmatrix};$$

$$\sigma_8^d = \frac{\left(25\gamma^5 - 102\gamma^4 - 202\gamma^3 + 536\gamma^2 + 976\gamma + 384\right)\left(\gamma^2 - 4\gamma - 4\right)}{4\left(29\gamma^6 - 242\gamma^5 + 438\gamma^4 + 720\gamma^3 - 1920\gamma - 640 - 1240\gamma^2\right)};$$

$$\sigma_9^d = \frac{4096 + 5888\gamma^2 + 208\gamma^5 - 992\gamma^4 - 1760\gamma^3 + 10368\gamma + 16\Delta_e^{1/2}}{2(3072 + 384\gamma^4 - 2176\gamma^3 + 896\gamma^2 + 6144\gamma)};$$

$$\Delta_e = (67\gamma^4 + 64\gamma^3 - 624\gamma^2 - 1152\gamma - 512)(\gamma^2 - 2\gamma - 2)^3$$

证明完毕#

附录 B　命题 5.2 的证明

备注：命题 5.2 中的供应链成员的决策顺序和支付函数的表述与命题 3.2 中的对应部分完全相同（具体见命题 3.2 的备注和附图 A1）。

同命题 3.2 的证明一样，采用逆向递归法求解。将式（5.6）代入制造商的目标函数式（5.7），从而可得

$$\max_{q_{2M}}\Pi_2^d(q_{1R}, q_{1M}, w_2, q_{2R}, q_{2M}) = w_2 q_{2R} + [a - (q_s + q_l + q_{1M} + q_{2R} + q_{2M})]q_{2M} - cq_{2M}$$

$$\text{s. t. } q_{2M} \geqslant 0$$

由上式可以获得以下的 KT 条件：

$$\frac{\partial L}{\partial q_{2M}} = a - q_s - q_l - q_{1M} - q_{2R} - 2q_{2M} - c + \lambda$$

$$\lambda q_{2M} = 0$$

显然，依据参数 $\lambda > 0$ 和 $\lambda = 0$，可以获得以下两个解。

F1：$\lambda = 0$，$q_{2M} = \dfrac{a - q_s - q_l - q_{1M} - q_{2R} - c}{2}$

F2：$\lambda = q_s + q_l + q_{1M} + q_{2R} + c - a$，$q_{2M} = 0$

给定制造商的最优策略 F1，中间商的最优问题为最大化（5.8），并遵循约束条件 $q_{2M} = \dfrac{a - q_s - q_l - q_{1M} - q_{2R} - c}{2} \geqslant 0$，因而可以得到以下的 KT 条件：

$$\frac{\partial L}{\partial q_{2R}} = \frac{a + c - q_s - q_{1M}}{2} - q_l - q_{2R} - w_2 - \frac{1}{2}\lambda$$

$$\lambda \frac{a - q_s - q_l - q_{1M} - q_{2R} - c}{2} = 0$$

求解上述 KT 条件得

F1E1：$\lambda = 0$，$q_{2R} = \frac{a}{2} + \frac{c}{2} - \frac{q_s}{2} - \frac{q_{1M}}{2} - q_l - w_2$，

F1E2：$\lambda = q_s + q_{1M} + 3c - 2w_2 - a$，$q_{2R} = a - q_s - q_l - q_{1M} - c$。

下面开始求解在策略 F1E1 下的批发价格，将 $q_{2M} = \dfrac{a - q_s - q_l - q_{1M} - q_{2R} - c}{2}$

和 $q_{2R} = \dfrac{a}{2} + \dfrac{c}{2} - \dfrac{q_s}{2} - \dfrac{q_{1M}}{2} - q_l - w_2$ 代入制造商的目标函数（5.9），需要指

出的是，根据前面的参数约定，要求 $q_{2R} > 0$，而根据制造商为理性的假

设，那么他不会让 $w_2 = 0$，那么此时 $q_{2R} = \dfrac{a}{2} + \dfrac{c}{2} - \dfrac{q_s}{2} - \dfrac{q_{1M}}{2} - q_l - w_2 \geqslant 0$ 和

$w_2 \geqslant 0$ 都是无效约束，因而，可以用一阶偏导来求得制造商在 F1E1D 时的

最优批发价格：$w_2 = \dfrac{a}{2} - \dfrac{q_s}{2} - \dfrac{q_{1M}}{2} - \dfrac{2q_l}{3} - \dfrac{c}{6}$。

现在来求解在策略 F1E1D 下，制造商的直销数量，由于 $w_2 > 0$，那么

该策略下唯一的有效约束为 $q_{1M} \geqslant 0$，从而可得

$$\frac{\partial L}{\partial q_{1M}} = a - q_s - \frac{5q_l}{6} - \frac{c}{3} - \frac{5q_{1M}}{2} + \lambda$$

$$\lambda q_{1M} = 0$$

求得

F1E1DC1：$\lambda = 0$，$q_{1M} = \dfrac{2a}{5} - \dfrac{2q_s}{5} - \dfrac{q_l}{3} - \dfrac{2c}{15}$

F1E1DC2：$\lambda = q_s + \dfrac{5q_l}{6} + \dfrac{c}{3} - a$，$q_{1M} = 0$

在策略 F1E1DC1 下，中间商的最优策略应当受到 $q_{1M} = \dfrac{2a}{5} - \dfrac{2q_s}{5} - \dfrac{q_l}{3} -$

$\dfrac{2c}{15} \geq 0$，$q_s \geq 0$ 和 $q_l \geq 0$ 这三个条件的约束，即

$$\frac{\partial L}{\partial q_s} = \frac{9a}{10} + \frac{11c}{30} - \frac{26q_l}{15} - \frac{9q_s}{5} - w_1 - \frac{2\lambda_1}{5} + \lambda_2$$

$$\frac{\partial L}{\partial q_l} = \frac{9a}{10} + \frac{43c}{90} - \frac{17q_l}{9} - \frac{26q_s}{15} - w_1 - \frac{\lambda_1}{3} + \lambda_3$$

$$\lambda_1 \left(\frac{2a}{5} - \frac{2q_s}{5} - \frac{q_l}{3} - \frac{2c}{15} \right) = 0$$

$$\lambda_2 q_s = 0$$

$$\lambda_3 q_l = 0$$

由于要求 $q_{iR}^{d*} = q_s + q_l > 0$，即 q_s 和 q_l 不能同时为零，所以 λ_2 和 λ_3 不能同时大于零，求解上述 KT 条件，发现有策略 F1E1DC1B1 – 4 满足以下要求。

F1E1DC1B1：$\lambda_1 = \lambda_2 = \lambda_3 = 0$，$q_s = \dfrac{63a}{178} - \dfrac{61c}{178} - \dfrac{35w_1}{89}$，

$$q_l = \frac{27a}{178} + \frac{101c}{178} - \frac{15w_1}{89};$$

F1E1DC1B2：$\lambda_2 = \lambda_3 = 0$，$q_s = \dfrac{23a}{18} + \dfrac{5w_1}{9} - \dfrac{7c}{6}$，

$$q_l = c - \frac{a}{3} - \frac{2w_1}{3}, \quad \lambda_1 = \frac{11c}{6} - \frac{37a}{18} - \frac{19w_1}{9};$$

F1E1DC1B3：$\lambda_1 = \lambda_3 = 0$，$q_s = 0$，$q_l = \dfrac{81a}{170} + \dfrac{43c}{170} - \dfrac{9w_1}{17}$，

$$\lambda_2 = \frac{61c}{850} + \frac{7w_1}{85} - \frac{63a}{850};$$

F1E1DC1B4：$\lambda_3 = 0$，$q_s = 0$，$q_l = \dfrac{6a}{5} - \dfrac{2c}{5}$，$\lambda_1 = \dfrac{37c}{10} - \dfrac{41a}{10} - 3w_1$，

$$\lambda_2 = \frac{21c}{50} - \frac{23a}{50} - \frac{w_1}{5} 。$$

下面求解在策略 F1E1DC1B1 下，制造商的最优批发价格，显然此时

制造商的目标函数受到 $q_s = \dfrac{63a}{178} - \dfrac{61c}{178} - \dfrac{35w_1}{89} \geq 0$, $q_l = \dfrac{27a}{178} + \dfrac{101c}{178} - \dfrac{15w_1}{89} \geq$

0（其中 q_s 和 q_l 不能同时为 0）的约束，则可以得到以下的 KT 条件：

$$\frac{\partial L}{\partial w_1} = \frac{5950a}{7921} - \frac{1410c}{7921} - \frac{6710w_1}{7921} - \frac{15\lambda_1}{89} - \frac{35\lambda_2}{89}$$

$$\lambda_1 \left(\frac{63a}{178} - \frac{61c}{178} - \frac{35w_1}{89} \right) = 0$$

$$\lambda_2 \left(\frac{27a}{178} + \frac{101c}{178} - \frac{15w_1}{89} \right) = 0$$

求得有以下策略满足要求：

F1E1DC1B1A1： $\lambda_1 = \lambda_2 = 0$, $w_1 = \dfrac{595a}{671} - \dfrac{141c}{671}$ ；

F1E1DC1B1A2： $\lambda_1 = 0$, $\lambda_2 = \dfrac{349c}{245} - \dfrac{a}{35}$, $w_1 = \dfrac{9a}{10} - \dfrac{61c}{70}$ 。

将策略 F1E1DC1B1A1 和 F1E1DC1B1A2 的最优结果归结如下：

F1E1DC1B1A1	F1E1DC1B1A2
$q_{2M} = \dfrac{200a}{671} - \dfrac{1059c}{1342}$	$q_{2M} = \dfrac{3a}{10} - \dfrac{31c}{35}$
$q_{2R} = \dfrac{625c}{1342} - \dfrac{a}{1342}$	$q_{2R} = \dfrac{3c}{7}$
$w_2 = \dfrac{399a}{1342} - \dfrac{217c}{671}$	$w_2 = \dfrac{3a}{10} - \dfrac{16c}{35}$
$q_{1M} = \dfrac{533a}{1342} - \dfrac{309c}{1342}$	$q_{1M} = \dfrac{2a}{5} - \dfrac{13c}{35}$
$q_l = \dfrac{3a}{1342} + \dfrac{809c}{1342}$	$q_l = \dfrac{5c}{7}$
$q_s = \dfrac{7a}{1342} - \dfrac{349c}{1342}$	$q_s = 0$
$w_1 = \dfrac{595a}{671} - \dfrac{141c}{671}$	$w_1 = \dfrac{9a}{10} - \dfrac{61c}{70}$

类似上述求解过程，采用 Matlab 7.0.1 求解策略 F1E1DC1B2 - 4、F1E1DC2、F1E1DC2B2、F1E2 和 F2 等，可得到以下策略。

F1E1DC1B2A1	F1E1DC1B3A1	F1E1DC1B4A1
$q_{2M} = \dfrac{a}{10} - \dfrac{7c}{10}$	$q_{2M} = \dfrac{151a}{510} - \dfrac{73c}{90}$	$q_{2M} = \dfrac{a}{10} - \dfrac{7c}{10}$
$q_{2R} = \dfrac{4c}{5} - \dfrac{2a}{5}$	$q_{2R} = \dfrac{26c}{45} - \dfrac{2a}{255}$	$q_{2R} = \dfrac{4c}{5} - \dfrac{2a}{5}$
$w_2 = \dfrac{c}{10} - \dfrac{3a}{10}$	$w_2 = \dfrac{49a}{170} - \dfrac{7c}{30}$	$w_2 = \dfrac{c}{10} - \dfrac{3a}{10}$
$q_{1M} = 0$	$q_{1M} = \dfrac{20a}{51} - \dfrac{2c}{9}$	$q_{1M} = 0$
$q_l = \dfrac{6a}{5} - \dfrac{2c}{5}$	$q_l = \dfrac{2a}{85} + \dfrac{4c}{15}$	$q_l = \dfrac{6a}{5} - \dfrac{2c}{5}$
$q_s = 0$	$q_s = 0$	$q_s = 0$
$w_1 = \dfrac{21c}{10} - \dfrac{23a}{10}$	$w_1 = \dfrac{77a}{90} - \dfrac{7c}{270}$	$w_1 = \dfrac{37c}{30} - \dfrac{41a}{30}$
F1E1DC2B1A1	**F1E1DC2B1A2**	**F1E1DC2B2A2**
$q_{2M} = \dfrac{47a}{110} - \dfrac{87c}{110}$	$q_{2M} = \dfrac{a}{2} - \dfrac{3c}{2}$	$q_{2M} = \dfrac{a}{2} - \dfrac{3c}{2}$
$q_{2R} = \dfrac{26c}{55} - \dfrac{8a}{165}$	$q_{2R} = 0$	$q_{2R} = 0$
$w_2 = \dfrac{25a}{66} - \dfrac{7c}{22}$	$w_2 = \dfrac{a}{2} - \dfrac{3c}{2}$	$w_2 = \dfrac{a}{2} - \dfrac{3c}{2}$
$q_{1M} = 0$	$q_{1M} = 0$	$q_{1M} = 0$
$q_l = \dfrac{8a}{55} + \dfrac{32c}{55}$	$q_l = 2c$	$q_l = 2c$
$q_s = \dfrac{8a}{165} - \dfrac{26c}{55}$	$q_s = 0$	$q_s = 0$
$w_1 = \dfrac{311a}{330} - \dfrac{7c}{110}$	$w_1 = \dfrac{3a}{2} - \dfrac{11c}{2}$	$w_1 = 18a - 176c$

F1E2DCB1A1	F1E2DCB2A1	F2EDCB1A1
$q_{2M} = 0$	$q_{2M} = 0$	$q_{2M} = 0$
$q_{2R} = \dfrac{8a}{21} - \dfrac{2}{3}c$	$q_{2R} = \dfrac{8a}{21} - \dfrac{17}{21}c$	$q_{2R} = \dfrac{80537a}{838456} + \dfrac{2548c}{104807}$
$w_2 = c - \dfrac{a}{7}$	$w_2 = \dfrac{59}{42}c - \dfrac{4a}{21}$	$w_2 = \dfrac{5096c}{104807} + \dfrac{80537a}{419228}$
$q_{1M} = \dfrac{5a}{7} - c$	$q_{1M} = \dfrac{16a}{21} - \dfrac{34}{21}c$	$q_{1M} = \dfrac{51534a}{104807} - \dfrac{49812c}{104807}$
$q_l = \dfrac{2c}{3} - \dfrac{2a}{21}$	$q_l = 0$	$q_l = \dfrac{1174c}{104807} + \dfrac{119127a}{838456}$
$q_s = 0$	$q_s = \dfrac{10c}{7} - \dfrac{a}{7}$	$q_s = \dfrac{37272c}{104807} - \dfrac{67109a}{419228}$
$w_1 = \dfrac{19a}{42} + \dfrac{5c}{6}$	$w_1 = \dfrac{19a}{63} + \dfrac{62c}{63}$	$w_1 = \dfrac{389257a}{419228} - \dfrac{16888c}{104807}$

F2EDCB1A2	F2EDCB2A1	
$q_{2M} = 0$	$q_{2M} = 0$	
$q_{2R} = \dfrac{4a}{47} + \dfrac{16c}{329}$	$q_{2R} = \dfrac{755a}{5616} - \dfrac{37c}{702}$	
$w_2 = \dfrac{32c}{329} + \dfrac{8a}{47}$	$w_2 = \dfrac{755a}{2808} - \dfrac{37c}{702}$	
$q_{1M} = \dfrac{20a}{47} - \dfrac{108c}{329}$	$q_{1M} = \dfrac{3563a}{7722} - \dfrac{1478c}{3861}$	
$q_l = \dfrac{11a}{94} + \dfrac{22c}{329}$	$q_l = \dfrac{a}{2376} + \dfrac{145c}{594}$	
$q_s = 0$	$q_s = 0$	
$w_1 = \dfrac{32a}{47} + \dfrac{128c}{329}$	$w_1 = \dfrac{772573a}{803088} - \dfrac{7691c}{200772}$	

在上述策略中，再次应用所有的参数必须非负这一约束条件，即 $q_{2M} \geq 0$、$q_{2R} > 0$、$w_2 > 0$、$q_{1M} \geq 0$、$q_l \geq 0$、$q_s \geq 0$（其中，q_s 和 q_l 不能同时为 0），$w_1 > 0$，$\lambda_i > 0$ 和 $c \geq 0$，从而可以排除 A1B1CD1E2F1，A1B1CD1E4F1，A1B1CD2E1F1，A1B1CD2E1F2，A1B1CD2E2F2 和 A2BCDE1F2。从而发现当 $0.0016a \leq c < 0.0201a$、$0.0201a \leq c < 0.3387a$、$0.0526a \leq c < 0.3651a$、$0.1429a \leq c < 0.3878a$、$0.2969a \leq c < 0.4706a$、$0.4698a \leq c < 1.0346a$ 和 $0.4835a \leq c < 0.6579a$ 时策略 A1B1CD1E1F1，A1B1CD1E1F2，A1B1C1D1E3F1，A1B2CDE1F1，A1B2CDE2F1，A2BCDE1F1 和 A2BCDE2F1 符合上述约束条件。通过对比发现，当 $0.0526a \leq c < 0.3387a$ 时，策略 A1B1CD1E1F2 和 A1B1C1D1E3F1 都符合非负约束，即它们间存在必须要剔除的次优解，为此，必须比较制造商利润（制造商为斯塔克尔伯格博弈的领导者），即必须比较制造商利润

$$\Pi_{\text{A1B1CD1E1F2}} = \frac{9a^2}{20} - \frac{41ac}{70} + \frac{207c^2}{490} \text{ 和 } \Pi_{\text{A1B1CD1E3F1}} = \frac{2299a^2}{5100} - \frac{277ac}{450} + \frac{1907c^2}{2700}$$。

通过对比分析，发现当 $0.0526a \leq c < 0.3387a$ 时，策略 A1B1CD1E1F2 的制造商利润要比策略 A1B1C1D1E3F1 下的制造商利润小，因而，当 $0.0526a \leq c < 0.3387a$ 时，对制造商而言，策略 A1B1CD1E1F2 为次优策略，必须剔除。同样在区域 $0.1429a \leq c < 0.3651a$、$0.2969a \leq c < 0.3878a$、$0.2969a \leq c < 0.3651a$、$0.4698a \leq c < 0.4706a$ 和 $0.4835a \leq c < 0.6579a$ 使用类似比较来排除制造商的次优策略，可以得到命题5.2。

证明完毕#

参 考 文 献

［1］李书娟. 考虑交易者行为的双渠道供应链定价策略研究［D］. 武汉：华中科技大学，2012.

［2］Xiong Y, Yan W, Fernandes K, Xiong Z‒K, Guo N. "Bricks vs. Clicks"：The Impact of Manufacturer Encroachment with a Dealer Leasing and Selling of Durable Goods［J］. *European Journal of Operational Research*，2012，217（1）：75‒83.

［3］Dan B, Xu G, Liu C. Pricing Policies in a Dual-channel Supply Chain with Retail Services［J］. *International Journal of Production Economics*，2012，139（1）：312‒320.

［4］Hua G, Wang S, Cheng T C E. Price and Lead Time Decisions in Dual‒Channel Supply Chains［J］. *European Journal of Operational Research*，2010，205（1）：113‒126.

［5］鄢章华. 双渠道供应链合作与竞争研究［D］. 哈尔滨：哈尔滨理工大学，2011.

［6］陈树桢. 电子商务环境下营销渠道选择与协调研究［D］. 重庆：重庆大学，2009.

［7］Waldman M. Durable Goods Theory for Real World Markets［J］. *The Journal of Economic Perspectives*，2003，17（1）：131‒154.

［8］牛筱颖. 耐用品理论研究综述［J］. 经济学动态，2005（10）：99‒104.

［9］梁喜，熊中楷．汽车市场中租赁渠道对传统零售渠道的影响
［J］．管理工程学报，2011，25（3）：31 - 36.

［10］Coase R H. Durability and Monopoly［J］．*The Journal of Law and Economics*，1972，15（1）：143 - 149.

［11］徐滨士．工程机械再制造及其关键技术［J］．工程机械，2009，40（8）：1 - 6.

［12］Hatcher G D，Winifred L Ijomah，James F C Windmill. Design for Remanufacturing in China：a Case Study of Electrical and Electronic Equipment［J］．*Journal of Remanufacturing*，2013（3）．

［13］Ferguson M E，Souza G C. *Closed - Loop Supply Chains：New Developments to Improve the Sustainability of Business Practices*［M］．Taylor & Francis，2010.

［14］Webb K L，Hogan J E. Hybrid Channel Conflict：Causes and Effects on Channel Performance［J］．*Journal of Business & Industrial Marketing*，2002，17（5）：338 - 356.

［15］黄健，肖条军，盛昭瀚．多渠道供应链管理研究述评［J］．科研管理，2009，30（5）：25 - 32.

［16］Webb K L. Managing Channels of Distribution in the Age of Electronic Commerce［J］．*Industrial Marketing Management*，2002，31（2）：95 - 102.

［17］Webb K L，Lambe C J. Internal Multi - Channel Conflict：An Exploratory Investigation and Conceptual Framework［J］．*Industrial Marketing Management*，2007，36（1）：29 - 43.

［18］Balasubramanian S. Mail Versus Mall：A Strategic Analysis of Competition Between Direct Marketers and Conventional Retailers［J］．*Marketing Science*，1998，17（3）：181 - 195.

［19］Balakrishnan A，Sundaresan S，Zhang B. Browse-and - Switch：Retail - Online Competition under Value Uncertainty［J］．*Production and Opera-*

tions Management，2014，23（7）：1129 – 1145.

［20］陈云，王浣尘，沈惠璋．电子商务零售商与传统零售商的价格竞争研究［J］．系统工程理论与实践，2006，26（1）：35 – 41.

［21］李云龙，杨超进．基于网络外部性的电子商务零售商与传统零售商的价格竞争模型研究［J］．广东技术师范学院学报，2013，37（12）：67 – 72，103.

［22］Chiang W Y K，Chhajed D，Hess J D. Direct-marketing，Indirect Profits：A strategic Analysis of Dual-channel Supply-chain Design［J］．*Management Science*，2003，49（1）：1 – 20.

［23］Arya A，Mittendorf B，Sappington D E M. The Bright Side of Supplier Encroachment［J］．*Marketing Science*，2007，26（5）：651 – 659.

［24］Chun S – H，Rhee B – D，Park S Y，Kim J – C. Emerging Dual Channel System and Manufacturer's Direct Retail Channel Strategy［J］．*International Review of Economics & Finance*，2011，20（4）：812 – 825.

［25］但斌，徐广业．随机需求下双渠道供应链协调的收益共享契约［J］．系统工程学报，2013（4）：514 – 521.

［26］陈远高，刘南．存在差异性产品的双渠道供应链协调研究［J］．管理工程学报，2011（2）：239 – 244.

［27］陈树桢，熊中楷，梁喜．补偿激励下双渠道供应链协调的合同设计［J］．中国管理科学，2009，17（1）：64 – 75.

［28］Zettelmeyer F. Expanding to the Internet：Pricing and Communications Strategies When Firms Compete on Multiple Channels［J］．*Journal of Marketing Research*，2000，37（3）：292 – 308.

［29］Ofek E，Katona Z，Sarvary M. "Bricks and Clicks"：The Impact of Product Returns on the Strategies of Multichannel Retailers［J］．*Marketing Science*，2011，30（1）：42 – 60.

［30］Yao D Q，Liu J J. Competitive Pricing of Mixed Retail and E – tail

Distribution Channels [J]. *Omega-International Journal of Management Science*, 2005, 33 (3): 235 – 247.

[31] Hendershott T, Zhang J. A Model of Direct and Intermediated Sales [J]. *Journal of Economics & Management Strategy*, 2006, 15 (2): 279 – 316.

[32] Zhang R, Liu B, Wang W. Pricing Decisions in a Dual Channels System with Different Power Structures [J]. *Economic Modelling*, 2012, 29 (2): 523 – 533.

[33] 肖剑, 但斌, 张旭梅. 双渠道供应链电子渠道与零售商合作策略研究 [J]. 系统工程理论与实践, 2009, 30 (6): 673 – 679.

[34] 王虹, 周晶. 竞争和风险规避对双渠道供应链决策的影响 [J]. 管理科学, 2010, 23 (1): 10 – 17.

[35] 陈远高, 刘南. 具有服务差异的双渠道供应链竞争策略 [J]. 计算机集成制造系统, 2010, 16 (11): 2484 – 2489.

[36] 赵金实, 段永瑞, 王世进, 霍佳震. 不同主导权位置情况下零售商双渠道策略的绩效对比研究 [J]. 管理工程学报, 2013, 27 (1): 171 – 177.

[37] 李书娟, 张子刚, 黄洋. 风险规避对双渠道供应链运作模式的影响研究 [J]. 工业工程与管理, 2011, 16 (1): 32 – 36.

[38] Huang M, Song M, Lee L H, Ching W K. Analysis for Strategy of Closed – Loop Supply Chain with Dual Recycling Channel [J]. *International Journal of Production Economics*, 2013, 144 (2): 510 – 520.

[39] Ma L, Zhang R, Guo S, Liu B. Pricing Decisions and Strategies Selection of Dominant Manufacturer in Dual-channel Supply Chain [J]. *Economic Modelling*, 2012, 29 (6): 2558 – 2565.

[40] Khouja M, Wang Y. The Impact of Digital Channel Distribution on the Experience Goods Industry [J]. *European Journal of Operational Research*, 2010, 207 (1): 481 – 491.

[41] 罗美玲，李刚，孙林岩. 基于增值服务的双渠道供应链竞争 [J]. 工业工程与管理，2011，16（3）：37－44.

[42] 张盼，熊中楷，郭年. 基于价格和服务竞争的零售商双渠道策略 [J]. 工业工程，2012，15（6）：57－62.

[43] 邢伟，汪寿阳，赵秋红，华国伟. 考虑渠道公平的双渠道供应链均衡策略 [J]. 系统工程理论与实践，2011，31（7）：1249－1256.

[44] Stern L W, EI－Ansary A I, Coughlan A T. *Marketing Channels* [M]. 5th edition. Prentice Hall, Upper Saddle River, New Jersey, 2001.

[45] Tsay A A, Agrawal N. Channel Dynamics Under Price and Service Competition [J]. *Manufacturing & Service Operations Management*, 2000, 2（4）: 372－391.

[46] Tsay A A, Agrawal N. Channel Conflict and Coordination in the E－commerce Age [J]. *Production and Operations Management*, 2004, 13（1）: 93－110.

[47] Brooker K. First: E－rivals Seem to Have Home Depot Awfully Nervous [J]. *Fortune*, 1999, 140（4）: 28－29.

[48] Ancarani F, Shankar V. Price Levels and Price Dispersion within and Across Multiple Retailer Types: Further Evidence and Extension [J]. *Journal of the Academy of Marketing Science*, 2004, 32（2）: 176－187.

[49] Emst, Young. *Transfer Pricing* 2001 *Global Survey: Making Informed Decisions in Uncertain Times* [M]. Washington, DC: Ernst and Young International, 2001.

[50] Mukhopadhyay S K, Yao D－Q, Yue X. Information Sharing of Value-adding Retailer in a Mixed Channel Hi-tech Supply Chain [J]. *Journal of Business Research*, 2008, 61（9）: 950－958.

[51] Chen K－Y, Kaya M, Ozer O. Dual Sales Channel Management with Service Competition [J]. *M&Som－Manufacturing & Service Operations Manage-

ment, 2008, 10 (4): 654 – 675.

[52] 王国才, 赵彦辉. 多重渠道冲突管理的渠道区隔与整合策略——基于电子商务的研究框架 [J]. 经济管理, 2009, 31 (8): 106 – 112.

[53] 赵礼强, 徐家旺. 基于电子市场的供应链双渠道冲突与协调的契约设计 [J]. 中国管理科学, 2014 (5): 61 – 68.

[54] 王瑶, 但斌, 刘灿, 张旭梅. 服务具有负溢出效应的异质品双渠道供应链改进策略 [J]. 管理学报, 2014, 11 (5): 758 – 763.

[55] Dolan R J. Quantity Discounts – Managerial Issues and Research Opportunities [J]. *Marketing Science*, 1987, 6 (1): 1 – 22.

[56] Corbett C J, de Groote X. A Supplier's Optimal Quantity Discount Policy Under Asymmetric Information [J]. *Management Science*, 2000, 46 (3): 444 – 450.

[57] Li X, Wang Q. Coordination Mechanisms of Supply Chain Systems [J]. *European Journal of Operational Research*, 2007, 179 (1): 1 – 16.

[58] Altintas N, Erhun F, Tayur S. Quantity Discounts Under Demand Uncertainty [J]. *Management Science*, 2008, 54 (4): 777 – 792.

[59] 胡军, 张镓, 芮明杰. 线性需求条件下考虑质量控制的供应链协调契约模型 [J]. 系统工程理论与实践, 2013, 33 (3): 601 – 609.

[60] 王勇, 孙海雷, 陈晓旭. 基于数量折扣的改良品供应链协调策略 [J]. 中国管理科学, 2014, 22 (4): 51 – 57.

[61] Seifert R W, Thonemann U W, Hausman W H. 2004. Optimal Procurement Strategies for Online Spot Markets [J]. *European Journal of Operational Research*, 2004, 152 (3): 781 – 799.

[62] Boyaci T. Competitive Stocking and Coordination in a Multiple-channel Distribution System [J]. *IIE Transactions*, 2005, 37 (5): 407 – 427.

[63] Geng Q, Mallik S. 2007. Inventory Competition and Allocation in a Multi-channel Distribution System [J]. *European Journal of Operational Re-*

search, 2007, 182 (2): 704 - 729.

［64］ Cai G, Zhang Z G, Zhang M. Game Theoretical Perspectives on Dual-channel Supply Chain Competition with Price Discounts and Pricing Schemes ［J］. *International Journal of Production Economics*, 2009, 117 (1): 80 - 96.

［65］ Xu G Y, Dan B, Zhang X M, Liu C. Coordinating a Dual-channel Supply Chain with Risk-averse Under a Two-way Revenue Sharing Contract ［J］. *International Journal of Production Economics*, 2014 (147): 171 - 179.

［66］ Ryan J K, Sun D, Zhao X. Coordinating a Supply Chain with a Manufacturer - Owned Online Channel: A Dual Channel Model Under Price Competition ［J］. *Ieee Transactions on Engineering Management*, 2014, 60 (2): 247 - 259.

［67］ 郭亚军, 赵礼强. 基于电子市场的双渠道冲突与协调 ［J］. 系统工程理论与实践, 2008 (9): 59 - 66, 81.

［68］ 但斌, 徐广业, 张旭梅. 电子商务环境下双渠道供应链协调的补偿策略研究 ［J］. 管理工程学报, 2012, 26 (1): 125 - 130.

［69］ Chun S - H, Kim J - C. Pricing Strategies in B2C Electronic Commerce: Analytical and Empirical Approaches ［J］. *Decision Support Systems*, 2005, 40 (2): 375 - 388.

［70］ Kurata H, Yao D - Q, Liu J J. Pricing Policies Under Direct vs. Indirect Channel Competition and National vs. Store Brand Competition ［J］. *European Journal of Operational Research*, 2007, 180 (1): 262 - 281.

［71］ 陈云, 王浣尘, 沈惠璋. 互联网环境下双渠道零售商的定价策略研究 ［J］. 管理工程学报, 2008, 22 (1): 34 - 39, 57.

［72］ 肖剑, 但斌, 张旭梅. 双渠道供应链中制造商与零售商的服务合作定价策略 ［J］. 系统工程理论与实践, 2010, 30 (12): 2203 - 2211.

［73］ Ma W - m, Zhao Z, Ke H. Dual-channel Closed-loop Supply Chain with Government Consumption-subsidy ［J］. *European Journal of Operational Research*, 2013, 226 (2): 221 - 227.

［74］徐峰，盛昭瀚. 产品再制造背景下制造商双渠道定价策略计算实验研究［J］. 系统管理学报，2013，22（3）：327－334.

［75］林杰，曹凯. 双渠道竞争环境下的闭环供应链定价模型［J］. 系统工程理论与实践，2014，34（6）：1416－1424.

［76］陈娟，季建华，李美燕. 基于再制造的单双渠道下高残值易逝品闭环供应链管理［J］. 上海交通大学学报，2010，44（3）：354－359.

［77］尹志超，甘犁. 中国住房改革对家庭耐用品消费的影响［J］. 经济学（季刊），2009，9（1）：53－72.

［78］［美］约翰·贝拉米·福斯特，罗伯特·W. 麦克切斯尼. 全球经济停滞与中国［J］. 张峰，译. 国外理论动态，2013（11）：65－76.

［79］Zhao H，Jagpal S. The Effect of Secondhand Markets on the Firm's Dynamic Pricing and New Product Introduction Strategies［J］. *International Journal of Research in Marketing*，2006，23（3）：295－307.

［80］梁喜. 租赁闭环供应链中回购合同及其对渠道的影响［D］. 重庆：重庆大学，2009.

［81］Wicksell K. *A Mathematical Analysis of Dr. Akerman's Problem*［M］//*Lectures on Political Economy* vol 1，Routledge and Kegan Paul，London，1934：274－299.

［82］Levhari D，Srinivasan T N. Durability of Consumption Goods：Competition versus Monopoly［J］. *American Economic Review*，1969，59（1）：102－107.

［83］Swan P L. Durability of Consumption Goods［J］. *American Economic Review*，1970，60（5）：884－894.

［84］Swan P L. The Durability of Goods and Regulation of Monopoly［J］. *Bell Journal of Economics*，1971，2（1）：347－357.

［85］Waldman M. Durable Goods Pricing When Quality Matters［J］. *The Journal of Business*，1996，69（4）：489－510.

［86］Goering G E. Durability Choice and the Piracy for Profit of Goods

［J］. *Metroeconomica*, 2010, 61（2）: 282 - 301.

［87］ Pangburn M S, Stavrulaki E. Take Back Costs and Product Durability ［J］. *European Journal of Operational Research*, 2014, 238（1）: 175 - 184.

［88］ 苏昊, 谭德庆, 王艳. 存在易耗部件的耐用品的耐用度选择模型 ［J］. 系统管理学报, 2013, 22（1）: 46 - 52.

［89］ Bulow J. An Economic - Theory of Planned Obsolescence ［J］. *Quarterly Journal of Economics*, 1986, 101（4）: 729 - 749.

［90］ Stokey N L. Rational Expectations and Durable Goods Pricing ［J］. *The Bell Journal of Economics*, 1981, 12（1）: 112 - 128.

［91］ Bulow J I. Durable - Goods Monopolists ［J］. *The Journal of Political Economy*, 1982, 90（2）: 314 - 332.

［92］ Desai P, Purohit D. Leasing and Selling: Optimal Marketing Strategies for a Durable Goods Firm ［J］. *Management Science*, 1998, 44（11）: 19 - 34.

［93］ Desai P S, Purohit D. Competition in Durable Goods Markets: The Strategic Consequences of Leasing and Selling ［J］. *Marketing Science*, 1999, 18（1）: 42 - 58.

［94］ Bhaskaran S R, Gilbert S M. Implications of Channel Structure for Leasing or Selling Durable Goods ［J］. *Marketing Science*, 2009, 28（5）: 918 - 934.

［95］ The Remanufacturing Institute. Frequently asked questions ［EB/OL］. (2014 - 06 - 06)［2019 - 07 - 16］. www. reman. org.

［96］ Seow C, Hillary R, Seitz M A, Wells P E. Challenging the Implementation of Corporate Sustainability ［J］. *Business Process Management Journal*, 2006, 12（6）: 822 - 836.

［97］ Thierry M, Salomon M, Vannunen J, Vanwassenhove L. Strategic Issues in Product Recovery Management ［J］. *California Management Review*, 1995, 37（2）: 114 - 135.

［98］Webster S, Mitra S. 2007. Competitive Strategy in Remanufacturing and the Impact of Take-back Laws ［J］. *Journal of Operations Management*, 2007, 25（6）: 1123 – 1140.

［99］Atasu A, Sarvary M, Van Wassenhove L N. Remanufacturing as a Marketing Strategy ［J］. *Management Science*, 2008, 54（10）: 1731 – 1746.

［100］熊中楷, 申成然, 彭志强. 专利保护下再制造闭环供应链协调机制研究 ［J］. 管理科学学报, 2011, 14（6）: 76 – 85.

［101］但斌, 丁雪峰. 再制造品最优定价及市场挤兑与市场增长效应分析 ［J］. 系统工程理论与实践, 2010, 30（8）: 1371 – 1379.

［102］徐峰, 盛昭瀚, 陈国华. 基于异质性消费群体的再制造产品的定价策略研究 ［J］. 中国管理科学, 2008, 16（6）: 130 – 136.

［103］王文宾, 达庆利. 奖惩机制下电子类产品制造商回收再制造决策模型 ［J］. 中国管理科学, 2008, 16（5）: 57 – 63.

［104］谢家平, 迟琳娜, 梁玲. 基于产品质量内生的制造/再制造最优生产决策 ［J］. 管理科学学报, 2012, 15（8）: 12 – 23.

［105］Basulto D. 2012. Welcome to the New Planned Obsolescence ［N］. *The Washington Post*, 2012 – 09 – 11.

［106］Agrawal V V, Ferguson M, Toktay L B, Thomas V M. Is Leasing Greener than Selling? ［J］. *Management Science*, 2011, 58（3）: 523 – 533.

［107］Jiang C, Xu F, Sheng Z. Pricing Strategy in a Dual-channel and Remanufacturing Supply Chain System ［J］. *International Journal of Systems Science*, 2010, 41（7）: 909 – 921.

［108］Gilbert A, Bacheldor B. The Big Squeeze ［J］. *Information Week*, 2000（779）: 46 – 56.

［109］King J. New Covenants Ease Online Channel War ［J］. *Computerworld*, 2000（33）: 20 – 24.

［110］丁纯洁. 基于搭便车行为和公平因素的双渠道选择与定价研究

［D］. 长沙：中南大学，2012.

　　［111］Zhang P, Xiong Y, Xiong Z, Yan W. Designing Contracts for a Closed-loop Supply Chain Under Information Asymmetry ［J］. *Operations Research Letters*, 2014, 42 （2）: 150 – 155.

　　［112］Yan X, Chao X, Lu Y, Zhou S X. Optimal Policies for Selling New and Remanufactured Products ［J］. *Production & Operations Management*, 2017, 26 （9）: 1746 – 1759.

　　［113］Cattani K, Gilland W, Heese H S, Swaminathan J. Boiling Frogs: Pricing Strategies for a Manufacturer Adding a Direct Channel that Competes with the Traditional Channel ［J］. *Production and Operations Management*, 2006, 15 （1）: 40 – 56.

　　［114］杨炫. 食品质量信号对消费者购买决策的影响 ［D］. 成都：西南财经大学，2014.

　　［115］Gilbert S M, Cvsa V. 2003. Strategic Commitment to Price to Stimulate Downstream Innovation in a Supply Chain ［J］. *European Journal of Operational Research*, 150 （3）: 617 – 639.

　　［116］Yan W, Xiong Y, Xiong Z, Guo N. Bricks vs. Clicks: Which is Better for Marketing Remanufactured Products? ［J］. *European Journal of Operational Research*, 2015, 242 （2）: 434 – 444.

　　［117］Poddar S. Strategic Choice in Durable Goods Market When Firms Move Simultaneously ［J］. *Research in Economics*, 2004, 58 （2）: 175 – 186.

　　［118］Bucovetsky S, Chilton J. Concurrent Renting and Selling in a Durable – Goods Monopoly Under Threat of Entry ［J］. *Rand Journal of Economics*, 1986, 17 （2）: 261 – 275.

　　［119］Brenner D. *Law and Regulation of Common Carriers in the Communication Industry* ［M］. Westview Press, Boulder, Co. , 1992.

　　［120］Giuntini R, Gaudette K. Remanufacturing: The Next Great Opportunity for Boosting US Productivity [J]. *Business Horizons*, 2003, 46 (6): 41 – 48.

［121］ Guo S, Aydin G, Souza G C. Dismantle or Remanufacture? [J]. *European Journal of Operational Research*, 2014, 233 (3): 580 – 583.

［122］ Ferguson M E, Toktay L B. The Effect of Competition on Recovery Strategies [J]. *Production and Operations Management*, 2006, 15 (3): 351 – 368.

［123］ Gray C, Charter M. *Remanufacturing and Product Design: Designing for the 7th Generation* [R]. The Centre for Sustainable Design, 2008.

［124］ 林劲松. 惠普经销商卖翻新电脑 [N]. 南方都市报, 2010 – 07 – 30.

［125］ 国家发展和改革委员会. 汽车零部件再制造试点管理办法 [EB/OL]. (2008 – 03 – 02) [2019 – 07 – 16]. https: //code. fabao365. com/law_111386. html.

［126］ Savaskan R C, Bhattacharya S, Van Wassenhove L N. Closed – Loop Supply Chain Models with Product Remanufacturing [J]. *Management Science*, 2004, 50 (2): 239 – 252.

［127］ Chai J, Yan W, Li Y, Palmer M, Huang Q. Selling Vertically Differentiated Products Under One Channel or Two? A Quality Segmentation Model for Differentiated Distribution Channels [J/OL]. *Journal of the Operational Research Society*, https: //www. tandfonline. com/doi/full/10. 1080/01605682. 2019. 1605469.

［128］ Zhou Y, Xiong Y, Li G, Xiong Z, Beck M. The Bright Side of Manufacturing – Remanufacturing Conflict in a Decentralised Closed-loop Supply Chain [J]. *International Journal of Production Research*, 2013, 51 (9): 2639 – 2651.

［129］ Xiong Y, Zhou Y, Li G, Chan H – K, Xiong Z. Don't Forget Your Supplier When Remanufacturing [J]. *European Journal of Operational Research*, 2013, 230 (1): 15 – 25.

［130］Thomas V. The Environmental Potential of Reuse：An Application to Used Books ［J］. *Sustainability Science*，2011，6（1）：109 – 116.

［131］White A L，Stoughton；M，Feng L. *Servicizing*：*The Quiet Transition to Extended Producer Responsibility* ［R］. Technical Report，Submitted to U. S. Environmental Protection Agency，Office of Solid Waste，1999.

［132］Chen J，Zhang H，Sun Y. 2012. Implementing Coordination Contracts in a Manufacturer Stackelberg Dual-channel Supply Chain ［J］. *Omega-International Journal of Management Science*，2012，40（5）：571 – 583.